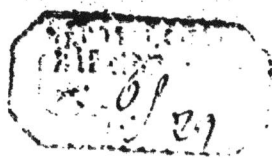

THÈSE

POUR LE

DOCTORAT

THÈSE POUR LE DOCTORAT

UNIVERSITÉ DE FRANCE. — ACADÉMIE DE RENNES

—

FACULTÉ DE DROIT

—

THÈSE POUR LE DOCTORAT

DE LA

THÉORIE DES RAPPORTS

EN DROIT ROMAIN ET EN DROIT FRANÇAIS

Cette Thèse sera soutenue le mercredi 25 juin 1879

PAR

M. BANÉAT (Paul-Jacques-Trémeur)

AVOCAT

Né à Rennes, le 5 octobre 1856

SUFFRAGANTS

MM. ÉON, DE CAQUERAY, MARIE, GUÉRARD, professeurs
VIGNERTE, RIPERT, agrégés chargés de cours

RENNES

CH. OBERTHUR ET FILS, IMPRIMEURS DE L'ACADÉMIE

—

1879

A MON PÈRE ET A MA MÈRE

A MA SŒUR

A MA TANTE

A TOUS MES PARENTS ET AMIS

DROIT ROMAIN.

DE LA COLLATIO BONORUM

Digeste, liv. XXXVII, tit. VI, VII et VIII.—Code, liv. VI, tit. XX).

PRÉAMBULE.

Il serait difficile de bien comprendre les caractères et l'étendue d'une institution juridique, sans avoir recherché auparavant sous l'empire de quels besoins elle a été créée, c'est-à-dire sans avoir jeté un rapide coup d'œil sur la législation antérieure. Ainsi, la *collatio bonorum* serait très-incomplétement traitée si l'on se contentait de l'examiner telle qu'elle est sortie des mains du préteur sans étudier les causes qui l'ont rendue nécessaire. Pour comprendre le remède, il faut connaître le mal.

Un aperçu historique aura le double avantage de faciliter l'intelligence de la théorie de la *collatio bonorum*, et de rappeler en même temps la grande division du droit romain en trois branches : législation des XII Tables, — législation prétorienne, — législation impériale, complétée et couronnée par la législation de Justinien.

APERÇU HISTORIQUE.

« *Intestatorum hereditas, lege Duodecim Tabularum, primum suis heredibus deferebatur* » (Paul, *Sent.*, IV, 8, 3). D'après la loi des XII Tables, l'hérédité d'un homme mort sans avoir fait de testament était déférée en premier lieu à ses héritiers siens, et les Institutes de Justinien (liv. III, tit. I, § 2) nous disent ce qu'étaient les héritiers siens: « *Sui autem heredes existimantur qui in potestate morientis fuerint.* » Sont héritiers siens tous ceux qui étaient sous la puissance immédiate du défunt au moment de sa mort, ou d'une manière plus précise, au moment où il était certain qu'il n'aurait pas d'héritiers testamentaires (Inst., liv. III, tit. I, § 7), tels que le fils, la fille, le petit-fils ou la petite-fille issus d'un fils prédécédé, enfants naturels ou adoptifs, peu importe. Parmi eux doivent aussi compter les enfants qui ne sont pas nés de justes noces, mais qui ont été légitimés par oblation à la curie, par mariage subséquent ou par rescrit du prince. Les enfants soumis à la puissance immédiate du défunt étaient donc héritiers siens.

Le père, d'ailleurs, n'avait pas la puissance paternelle sur tous ses enfants indistinctement. De même qu'il pouvait l'acquérir sur ceux qui ne lui étaient pas attachés par les liens du sang, tels que ses enfants adoptifs, de même ses enfants naturels pouvaient y être soustraits par l'émancipation. Et comme la puissance paternelle et la vocation héréditaire étaient corrélatives, les enfants émancipés n'avaient aucun droit à faire valoir sur la succession de leur père mort *intestat*. « *Emancipati autem liberi jure civili nihil juris habent : neque enim sui heredes sunt, quia in potestate parentis esse desierunt, neque ullo alio jure per legem Duodecim Tabularum vocantur »* (Inst., liv. III, tit. I, § 9). Cette règle s'appliquait également aux enfants donnés en adoption, mais sortis de la famille adoptive; ces enfants ne pouvaient rien prétendre dans la succession de leur père naturel, la *minima capitis deminutio* qu'ils avaient subie les ayant fait sortir de la famille de ce dernier.

A cette époque et d'après les traditions seules du droit civil, il ne pouvait y avoir lieu ni à ce qui plus tard porta le nom de *collatio bonorum*, ni au *rapport* des temps modernes. En effet, les enfants qui étaient sous la puissance du père de famille étaient seuls appelés à l'hérédité; ils avaient tous été des instruments d'acquisition pour le père de famille; ils avaient tous contribué à former le patrimoine qui leur était dévolu conjointement. Aucun d'eux n'avait des biens spéciaux, particuliers, qu'il pût conférer à la masse.

Dans cette théorie comme dans toutes les autres, les préteurs s'efforcèrent de modifier la législation des décemvirs par l'admission de nouvelles règles plus conformes à la nature et à l'équité (1). Ils pensèrent qu'il était trop sévère d'exclure les enfants émancipés de l'hérédité paternelle, et alors ne pouvant les faire héritiers *(non facit prætor heredem sed dat bonorum possessionem)*, ils leur donnèrent la possession de biens *unde liberi* : « *Sed prætor, naturali æquitate motus, dat eis bonorum possessionem unde liberi, perinde ac si in potestate parentis tempore mortis fuissent, sive soli sint, sive cum suis heredibus concurrant »* (Inst., liv. III, tit. I, § 9). — Le préteur

_____

(1) Voir L. 7, liv. I, tit. I, au Digeste.

appelait les fils et les filles, les petits-fils et les petites-
filles à leur rang, mais sans distinguer entre les enfants
émancipés ou non. Il donnait aux émancipés la possession
de biens *unde liberi* et les faisait concourir avec les enfants
restés en puissance. Pour le préteur, l'émancipation, mode
civil, n'avait pu briser les liens du sang, et l'enfant devait
venir à la succession de son père.

Par conséquent, quant au droit et au titre, les enfants
placés sous la puissance du défunt étaient seuls héritiers
siens; mais quant au fait et à la possession, ils ne recueillaient, par suite du concours des autres enfants, qu'une
partie de l'hérédité.

A côté de la *bonorum possessio unde liberi*, qui supposait un père mort *intestat*, le préteur avait aussi créé la
bonorum possessio contra tabulas testamenti, au profit
de l'enfant émancipé qui avait été omis dans le testament de
son père. « *Eadem hæc observantur et in ea bonorum
possessione, quam contra tabulas testamenti parentis
liberis præteritis, id est, neque heredibus institutis
neque ut oportet exheredatis, prætor pollicetur* (1). »

En effet, de ce que les enfants émancipés étaient appelés
par le préteur à l'hérédité paternelle en concours avec les
héritiers siens, résultait l'obligation, pour le père qui faisait
un testament, de les repousser formellement de cette
hérédité, ou en d'autres termes, de les exhéréder s'il ne
les voulait pas pour héritiers. En cas d'omission, le testament était valable d'après le droit civil, mais il était nul
jure prætorio, et les enfants omis obtenaient du préteur la
bonorum possessio contra tabulas. Rappelons que le
préteur ne s'occupait pas du testament de la mère et des

(1) Inst., liv. III, tit. I, § 12.

ascendants maternels ; ils pouvaient donc impunément passer sous silence leurs enfants et descendants. Ceux-ci n'avaient que la ressource de la *querela inofficiosi testamenti*. — Même remarque en ce qui concerne les enfants nés du concubinat.

Dans toutes ces réformes, le préteur avait l'équité pour mobile : *Prætor, naturali æquitate motus, dat eis bonorum possessionem.* Dès lors, il fallait éviter, en corrigeant une injustice, d'en commettre une autre ; il était bon d'établir l'égalité entre les enfants restés sous la puissance paternelle et ceux qui en étaient sortis, mais il ne fallait pas sacrifier les premiers au profit des seconds. Tel est pourtant le résultat qu'eût amené la théorie des *bonorum possessiones*, si le préteur ne l'avait immédiatement complétée par celle de la *collation de biens*.

Sans cette dernière, en effet, que fût-il arrivé ? Les enfants *in patria potestate*, les enfants *sui heredes*, ne pouvant avoir aucun patrimoine à eux, voyaient tomber dans celui de leur père tous les produits de leur travail et toutes les donations qui leur étaient faites, tandis que les enfants émancipés, devenus *sui juris*, gardaient pour eux toutes leurs acquisitions, en sorte qu'à la mort du père ceux-ci auraient conservé la totalité de leurs biens et auraient pu néanmoins prétendre à une quote-part de ceux tombés du chef de leurs frères ou sœurs dans le patrimoine paternel.

Une conséquence aussi injuste ne pouvait échapper à la sagacité du préteur, aussi, y apporta-t-il un remède. Il eût été inique de permettre aux émancipés de concourir sur le patrimoine du défunt sans les obliger à mettre dans la masse commune les biens qu'ils auraient pu acquérir de leur côté, soit à titre gratuit, soit à titre onéreux. Le préteur appela donc les enfants émancipés à concourir avec les héritiers siens, soit par la possession de biens *unde liberi*, soit par celle *contra tabulas*, mais il les obligea à rapporter leurs biens aux héritiers siens, pour être joints à la masse héréditaire, par le motif que ces enfants n'auraient rien acquis pour eux-mêmes et auraient vu tomber toutes leurs acquisitions dans le domaine du chef de famille, s'ils étaient restés sous la puissance paternelle. — Ce fut là ce qu'on nomma la *collatio bonorum*, c'est-à-dire le rapport des biens.

Ulpien nous en donne le caractère dans la loi 1 au Digeste, liv. XXXVII, tit. VI : « *Hic titulus manifestam habet æquitatem, cum enim prætor ad bonorum possessionem contra tabulas emancipatos admittat, participesque faciat cum his, qui sunt in potestate, bonorum paternorum : consequens esse credit ut sua quoque bona in medium conferant, qui appetunt paterna.* » Et la même doctrine s'appliquait à la possession de biens *unde liberi*, quoique le jurisconsulte ne parle que de la possession *contra tabulas*.

La *collatio bonorum*, dans ce premier état du droit, n'était rien autre chose que l'obligation imposée à ceux qui, étant sortis de la famille du défunt, venaient concourir avec les enfants restés *sub potestate*, de remettre à la masse les biens qu'ils avaient acquis de leur côté, quelle que fût la cause de l'acquisition, pourvu que ces biens existassent et leur appartinssent au jour de la mort du père de famille.

Cette institution de la *collatio bonorum*, quoique très-différente de ce qui constitue notre rapport actuel, est cependant intéressante à étudier; c'est elle qui, modifiée, donna lieu à la théorie des rapports telle qu'elle fut établie sous les Empereurs chrétiens, et particulièrement sous Justinien. La *collatio bonorum* n'était même pas, à proprement parler, un rapport, car ce mot de *rapport* suppose la remise à la masse d'un objet qui en a été tiré, or l'enfant émancipé devait remettre dans la succession ce qu'il avait acquis, quelle qu'en fût l'origine.

La *collatio bonorum* était fondée sur une idée d'indemnité au profit des héritiers siens auxquels nuisait le concours des enfants sortis de la famille ; tandis que notre rapport, tel que l'a organisé le Code civil, suppose des biens sortis du patrimoine du défunt et s'appuie sur l'égalité qui doit régner entre les héritiers *ab intestat*.

Les principes de la *collatio bonorum* furent dans la suite profondément modifiés, et l'on vit paraître le véritable rapport, qui consistait dans l'obligation imposée à l'enfant émancipé ou non émancipé de remettre à la succession du *de cujus* certains dons qu'il en avait reçus, et qui avaient ainsi diminué le patrimoine au préjudice des autres héritiers (L. 17, Code, liv. VI, tit. XX). Ce rapport rétablissait l'équilibre entre les héritiers : il avait pour base l'égalité ; tandis que la *collatio bonorum*, bien qu'elle conduisît souvent à l'égalité entre les héritiers, ne se la proposait pas pour but ; une très-grande inégalité pouvait même résulter de la *collatio bonorum* aux dépens de l'enfant émancipé.

Nous connaissons désormais l'origine et la raison d'être de la *collatio bonorum ;* nous avons donc tous les éléments nécessaires pour en comprendre les détails et pour suivre les modifications qu'elle a subies.

Nous examinerons d'abord cette théorie à l'époque classique, et ensuite nous rechercherons les changements qui y ont été apportés par la législation des Empereurs.

CHAPITRE I.

Droit classique.

L'examen de la matière peut se ramener à l'étude des quatre questions suivantes :

Dans quels cas a lieu la *collatio bonorum?*

Entre quelles personnes?

Quels biens y sont soumis?

De quelle manière se fait-elle?

Les règles de la *collatio dotis* seront ensuite brièvement exposées dans un appendice.

SECTION I.

DANS QUELS CAS A LIEU LA *collatio bonorum?*

Pour que la *collatio bonorum* ait lieu, deux conditions sont nécessaires : 1° que les enfants émancipés aient obtenu la *bonorum possessio;* — 2° que leur présence cause préjudice aux héritiers siens.

1° *Que les enfants émancipés aient obtenu la* bonorum possessio.

La *bonorum possessio* est la base de la *collatio bonorum*. Deux possessions de biens donnaient naissance à la *collatio bonorum* : les *bonorum possessiones unde liberi* et *contra tabulas;* la première, demandée par l'enfant émancipé quand le *de cujus* est mort *intestat* ou quand son testament demeure sans effet; la seconde, par l'enfant

omis dans le testament de son père (L. 1, *princ.*, Dig.,
liv. XXXVII, tit. VI ; — L. 9, Dig., *de Dotis collatione ;*
— L. 1, Code, *de Collat.*).

La loi 1, § 6, Dig., liv. XXXVII, tit. VI, pose une règle
qu'il importe de connaître ; on y lit : « *Emancipatum
conferre non oportet si etiam judicium patris meruit.* »
L'enfant émancipé n'est donc pas tenu au rapport quand il
vient à la succession comme héritier institué. Ce texte se
comprend facilement : l'enfant émancipé n'est plus alors,
pour l'héritier sien, qu'un *heres extraneus ;* il vient à la
succession en vertu du droit civil, sans invoquer le bénéfice
du droit prétorien ; le préteur ne peut donc pas lui imposer
la condition mise par lui à l'obtention d'une des deux
bonorum possessiones unde liberi ou *contra tabulas*,
puisqu'il ne les demande pas. — Il est bien entendu,
toutefois, que l'enfant émancipé, même institué héritier,
était tenu au rapport si le testateur le lui avait imposé
comme condition de son institution.

La loi 6, au Dig., *de Dotis collatione*, semble contenir
une dérogation à la règle qui astreint à la *collatio bonorum*
l'enfant émancipé. Papinien y suppose qu'un père, ayant
institué héritier son fils émancipé, déshérite sa fille *in
potestate ;* celle-ci triomphe dans la *querela inofficiosi
testamenti* et prend la moitié de la succession ; or, la loi
décide que le fils ne devra pas le rapport. Le motif en est
que le testament n'est pas rescindé en entier, et c'est là une
des rares exceptions à la règle : *Nemo partim testatus,
partim intestatus decedere potest ;* c'est parce que le fils
prend la moitié de la succession comme héritier institué,
qu'il est dispensé du rapport ; mais il le devrait si, étant
institué pour une faible part, tandis qu'un de ses frères,
également émancipé, a été omis, celui-ci demandait la

possession de biens *contra tabulas*, et que la part·de l'institué se trouvât ainsi augmentée. L'enfant émancipé devrait supporter les conséquences du bénéfice que lui accorde le préteur, mais aucune règle ne l'astreindrait au rapport, s'il s'en tenait à sa première institution (L. 3, Dig., *de Dotis collat.*).

Il est évident, en effet, qu'on ne peut demander à l'enfant émancipé la *collatio*, s'il n'a pas réclamé la *bonorum possessio* à laquelle il avait droit; ses frères ne peuvent le contraindre à se dessaisir de ses biens, puisque sa présence ne leur cause aucun préjudice.

Si l'enfant, au lieu d'avoir été émancipé, a été donné en adoption ou si, devenu *sui juris* par l'émancipation, il a été adrogé, il est évident qu'il ne peut venir à la succession de son père naturel, ni en vertu du droit civil, ni en vertu du droit prétorien par une des deux possessions de biens (1). Les textes semblent pourtant indiquer que la *collatio* peut être exigée dans certains cas de l'enfant donné en adoption (L. 1, § 14, Dig., *de Collat. bonor.;* — LL. 2 et 3, Dig., *de Dotis collat.;*—L. 10, § 6; L. 3, § 11; L. 8, § 11, Dig., *de Bonor. possess. contra tabulas*). Il faut, pour cela, supposer avec Ulpien que l'enfant donné en adoption a été institué héritier par le testament de son père naturel; mais qu'un enfant en puissance ayant été omis, celui-ci demande la *bonorum possessio contra tabulas*. Alors, l'enfant adopté peut ou s'en tenir à son institution sans rapporter, ou invoquer la *bonorum possessio contra tabulas* en rapportant.

2° *Que la présence des enfants émancipés cause pré-*

_____

(1) Nous suppo-ons, bien entendu, un enfant qui est encore *in adoptica familia.*

judice aux héritiers siens. « *Toties igitur collationi locus est, quoties aliquo incommodo affectus est is, qui in potestate est, intervento emancipati; cæterum, si non est, cessabit collatio* » (L. 1, § 5, Dig., *de Collat. bon.;* Ulpien).

La *collatio* n'était due aux enfants restés en puissance que si le concours des émancipés venait à leur nuire, et elle n'était due que dans la proportion du préjudice causé.

Ulpien fait l'application du principe qu'il a posé :

Première application. — L'enfant resté *sub potestate* était institué héritier pour moins de la moitié; l'émancipé avait obtenu la possession de biens *contra tabulas;* il ne devait pas la *collatio* dans ce cas, car loin de nuire à l'héritier sien, il lui rendait service. La présence de l'émancipé était utile au fils en puissance, donc la *collatio bonorum* n'avait pas lieu (L. 1, § 4, Dig., *de Collat. bonorum*).

Deuxième application. — (L. 20, § 1, Dig., *de Bonor. possess. contra tabulas*). Un père avait un fils en puissance et un fils émancipé; le fils en puissance avait été exhérédé et l'autre omis; l'héritier institué n'avait pas fait adition d'hérédité, sachant que cette adition serait inutile, puisque l'enfant émancipé invoquerait la *bonorum possessio contra tabulas;* le testament était donc *desertum.* Les deux frères venaient à la succession *ab intestat,* l'un *jure civili,* l'autre *jure prætorio;* l'émancipé devait-il la *collatio* à l'héritier sien? Non, répond le texte, car l'héritier avait refusé de faire adition à cause de la possession de biens *contra tabulas* qui était dévolue à l'émancipé; la présence de celui-ci, loin de nuire à l'héritier sien exhérédé, lui avait donc profité en lui donnant la moitié de l'hérédité.

Troisième application. — L'enfant émancipé ne doit le rapport que dans la proportion du préjudice qu'il cause;

Cujas exprime cette idée en ces termes : « *Ei cui nihil auferlur, nihil confertur, et ei cui aliquid auferlur, pro modo ejus quod auferlur eliam confertur.* » Prenons un exemple qu'Ulpien nous offre dans la loi 1, § 3, Dig., *de Collat. bon.* Un père institue son fils en puissance héritier pour trois quarts, il institue en outre un étranger pour un quart, et omet son fils émancipé; celui-ci obtient la possession de biens *contra tabulas*, qui lui donne droit à la moitié de la succession. Que devra-t-il rapporter à son frère? Ce ne sera certainement pas la moitié de ses biens, puisqu'il ne lui enlève pas une moitié de la succession, puisque l'enfant en puissance aurait toujours été privé d'un quart de la succession.

Il y a deux opinions en présence pour la solution de cette question, et toutes deux s'appuient sur le texte d'Ulpien : « *Emancipatum accipientem contra tabulas, pro quadrante tantum bona sua collaturum, Julianus ait : quia solum quadrantem fratri abstulit.* » La première opinion, soutenue par Cujas, veut que l'émancipé rapporte à proportion de la part qu'il a enlevée à l'enfant en puissance; ainsi, dans notre hypothèse, le quart de la succession que le fils en puissance se voit enlevé par son frère est le tiers de ce qu'il aurait dû avoir; l'enfant émancipé devra donc rapporter un tiers de ses biens. Nous préférons nous rallier à la seconde opinion, d'après laquelle l'émancipé ne rapportera qu'un quart de ses biens : cette solution nous semble plus conforme aux textes et aux principes, car l'enfant émancipé devant le rapport pour moitié quand il prive son frère d'une moitié de la succession, il est juste de lui demander le rapport d'un quart de ses biens, s'il prive son frère d'un quart de la succession.

La *collatio bonorum* ne pouvait avoir lieu qu'entre les

héritiers qui venaient tous à la succession par une possession de biens : « *Inter eos dabitur collatio*, dit Ulpien,
quibus possessio data est » (L. 1, § 1, Dig., *de Collat.
bon.*). En outre Scévola (L. 10) s'exprime ainsi : « *Si filius
in potestate heres institutus adeat et emancipato petente
bonorum possessionem contra tabulas, ipse non petat,
vel conferendum est ei : et ita edictum se habet* » (De
même, L. 7, Dig., *de Dotis collat.*).

Quelques auteurs ont prétendu cependant que les enfants
en puissance pouvaient exiger le rapport de leurs frères
sans venir à la succession par une possession de biens. —
Nous argumenterons, pour combattre cette opinion, de la
loi 20, au Dig., *de Bon. possess. contra tabulas*, et des
lois 6 et 7, *de Dotis collat.* — Elles supposent que les
enfants ont tous demandé la possession de biens; la loi 7,
du jurisconsulte Paul, supposant une fille émancipée qui doit
le rapport à ses frères en puissance, s'exprime ainsi : « *Nec
ipsa dotem fratribus suis confert, quum diverso jure
fratres sunt heredes.* » La fille doit donc seulement rapporter à ses frères sa dot, quand elle succède avec eux au
même titre et d'après le même droit, d'où elle ne leur devra
pas le rapport, si elle ne vient à la succession que *ex jure
prætorio* en concours avec ses frères qui héritent *ex jure
civili.* — Il faut étendre à tous les héritiers ce qui est dit
ici de la fille. Tel est, d'ailleurs, l'avis de Cujas.

Cette solution est conforme à l'édit, mais l'interprétation
des prudents y apporta de grands changements, et l'on finit
par prendre presque pour unique base du rapport la répa-
ration du préjudice causé à l'enfant en puissance, sans
rechercher s'il avait ou non demandé une possession de
biens. La preuve en est dans la loi 10 de Scévola, *de Collatione bonorum*, au Dig. La première partie applique l'édit

dans toute sa sévérité, et la deuxième indique une hypothèse où l'édit est radicalement violé; la voici (1) : Une
succession est ouverte; un fils émancipé demande et obtient
la *bonorum possessio contra tabulas;* un autre fils en
puissance et institué par le testament de son père fait
adition sans demander la *bonorum possessio.* Dans un
cas pareil, l'édit ne contraindrait pas au rapport l'enfant
émancipé, et pourtant la loi précitée, considérant que le
fils héritier sien prend une partie de l'hérédité en vertu d'un
titre qui lui permettait de demander la possession de biens,
oblige l'émancipé au rapport, puisqu'il nuit à son frère en
concourant avec lui, et que ce préjudice est le même, que
l'enfant en puissance ait fait adition ou ait demandé la
possession de biens.

A notre avis, la *collatio* peut être due sans que les enfants
viennent à la succession par les possessions de biens du
premier degré. Ainsi, comme le suppose Vinnius (L. 4, § 1,
Dig., lib. XXXVIII, tit. XV), si les enfants en puissance,
comme les émancipés, avaient perdu le droit de demander
les possessions de biens *unde liberi* ou *unde legitimi,* et
s'ils venaient à la succession par la possession de biens
unde cognati, les émancipés n'en devraient pas moins
rapporter, leur présence préjudiciant à leurs frères ou sœurs
héritiers siens, puisqu'ils demandent tous en leur qualité
d'enfants cette possession de biens *unde cognati.*

(1) La violation de l'édit est même si flagrante que Favre n'admet pas
que le dernier membre de phrase soit de Scévola; il préfère y voir une
interpolation de Tribonien.

SECTION II.

ENTRE QUELLES PERSONNES A LIEU LA *collatio bonorum?*

Cette question se subdivise nécessairement en deux autres :
1º Quels sont ceux qui doivent la *collatio bonorum?* —
2º Quels sont ceux auxquels elle est due?

PREMIÈRE QUESTION. — *Quels sont ceux qui doivent
la* collatio bonorum?

La doivent d'abord les enfants émancipés, sans qu'il y ait
à distinguer de quelle manière l'émancipation a eu lieu
(L. 9, Dig., *de Collat. bon.* ; — L. 18, Code, *de Collationibus*). La doit aussi, et dans deux cas, celui sous la puissance duquel se trouvait l'individu appelé par le préteur à la
possession de biens *contra tabulas* ou *unde liberi.*

Première hypothèse. — Un père institue l'enfant qu'il
a donné en adoption et omet un autre enfant qu'il a émancipé; cette omission donne ouverture à la possession de
biens *contra tabulas;* l'enfant institué peut réclamer la
bonorum possessio, mais le père adoptif doit la *collatio
bonorum.* — C'est le père adoptif, puisque l'adopté n'a
aucun patrimoine, qui rapportera les biens aux cohéritiers
de son fils adoptif; mais à propos de ce rapport, se pose une
question : l'obligation du rapport s'étend-elle à tous ses
biens, ou seulement à ceux qui lui proviennent de l'adopté?
Aucun texte ne résout la difficulté; nous pensons que le
père adoptif ne devra rapporter que les biens qu'il tient de
l'adopté, puisque l'enfant n'eût rapporté que ceux-là s'il
eût été *sui juris* au moment de l'ouverture de la succession.

Si le père adoptif préférait ne pas être astreint à la *collatio bonorum* et ne pas profiter de la possession de biens *contra tabulas*, il le pouvait en émancipant l'enfant adoptif avant de demander la possession de biens (L. 1, § 14, Dig., *de Collat. bonor.*) (1). Mais l'émancipation devait avoir eu lieu sans fraude.

Deuxième hypothèse. — L'enfant émancipé avait un fils conçu avant l'émancipation et d'autres conçus après; le premier est resté sous la puissance de son aïeul paternel, mais il viendra, sur la succession de son père, en concours avec ses frères héritiers siens par une *bonorum possessio contra tabulas* ou *unde liberi*. L'aïeul doit la *collatio bonorum*, puisque le petit-fils ne possède rien de son chef; mais s'il préfère éviter la *collatio* et ne pas profiter de la possession de biens, il le peut en émancipant le petit-fils resté sous sa puissance.

Nous disions à l'instant que l'émancipation de l'adopté qui demandait la possession de biens devait avoir lieu sans fraude; sans cela, l'adoptant ne serait pas libéré du rapport. On ne reconnaissait pas de fraude dans le fait de l'aïeul émancipant son petit-fils pour éluder le rapport, parce que les cohéritiers de cet enfant (ses frères et sœurs héritiers siens du défunt) devaient retrouver plus tard dans la succession de leur grand-père ce qui ne leur avait pas été rapporté. — On décidait le contraire pour le cas de l'adoptant, parce que les cohéritiers de l'enfant ne devaient jamais être appelés à cette succession (L. 3, Dig., *de Collat. bon.*; — L. 4., Dig. : *De conjung. cum emancip.*).

Nous n'avons pas encore énuméré tous ceux qui sont

----

(1) Cette décision ne venait pas directement du droit prétorien, mais d'un rescrit de Marc-Aurèle et de Lucius Verus.

tenus au rapport; le doivent aussi les enfants nés avant l'émancipation de leur père et devenus *sui juris* à l'époque de sa mort, et les enfants émancipés dont le père est resté en puissance (L. 9, Dig., *de Collat. bon.*; — L. 7 et L. 6, § 2, Dig., *de Bonor. possess. contra tabulas;* — L. 5, § 1, Dig., liv. XXXVIII, tit. VI). Enfin, les enfants de l'émancipé doivent le rapport quand ils viennent à la succession de leur aïeul.

Dans tous les cas où l'héritier institué demandait la possession de biens *contra tabulas,* alors que l'édit était commis *per alium,* la *collatio* n'était due que si l'héritier institué obtenait par la possession de biens *contra tabulas* une fraction plus forte que celle pour laquelle il avait été institué.

Dans le droit classique, le *suus* ne devait jamais le rapport; il pouvait bien avoir un pécule, mais il ne le détenait qu'à titre de dépôt, et son père seul jouissait de tous ses bénéfices; le père mort, ce pécule, comme tous les autres biens de la succession, était partagé entre les héritiers; mais cette opération ne peut s'appeler un *rapport,* puisque le fils n'avait à proprement parler rien *reçu;* c'était plutôt la résiliation d'un mandat amené par la mort du mandant. — Plus tard, César créa le pécule castrens que le fils de famille put posséder en propre, mais il ne pouvait non plus être sujet à rapport, car il ne se composait que de ce qu'avait acquis le fils de famille au service militaire, et chacun des enfants pouvait en acquérir un semblable. On permit même aux enfants émancipés venant à la succession de ne pas rapporter les biens qui auraient formé leur pécule castrens s'ils étaient restés en puissance (L. 1, § 15, Dig., *de Collat. bon.*)

2

DEUXIÈME QUESTION. — *Quels sont ceux auxquels est due la* collatio bonorum?

Elle était due aux héritiers siens et uniquement à eux. Elle n'était pas due aux émancipés, puisqu'elle avait pour but de réparer le préjudice causé aux enfants restés dans la famille du défunt et sous sa puissance. Julien pose le principe dans la loi 3, § 2, Dig., *de Collat. bonor.;* il dit, en effet : « *Quoties contra tabulas bonorum possessio datur, emancipati bona sua conferre debent his solis qui in potestate patris fuerint.* »

Les émancipés n'avaient aucun droit à la *collatio bonorum*, car ils ne pouvaient se nuire entre eux, puisqu'ils venaient tous à la succession en vertu du même droit. Si on avait établi entre eux la nécessité du rapport, chacun aurait mis à la masse les acquisitions qu'il avait faites, l'un aurait apporté peut-être une somme considérable et l'autre un patrimoine dérisoire, et on serait arrivé ainsi à favoriser les uns aux dépens des autres.

Il ne suffisait pas d'être *suus heres* pour avoir droit à la *collatio*, il fallait, en outre, que l'état du *suus* ne fût pas contesté, sinon on exigeait de lui une caution « *ut victus, sicut hereditatem, ita et quæ collata sunt præstet* » (L. 3, § 1, Dig., *de Collat. bon.*).

Il pouvait arriver qu'un *suus* eût perdu le droit de demander la possession de biens, et par voie de conséquence, d'exiger la *collatio*. S'il était susceptible d'être restitué *in integrum*, soit pour cause de minorité, soit pour tout autre motif, et qu'il le fût effectivement dans le droit de demander la possession de biens, l'avantage résultant pour lui de la *collatio* devait également lui être rendu (L. 1, § 2, Dig., *de Coll. bon.*).

La *collatio* était due au posthume qui, s'il fût né du vivant de son père, eût été sous sa puissance immédiate; néanmoins elle n'aura lieu qu'à la naissance de l'enfant, car on ne peut pas dire jusque-là qu'il eût été sous la puissance du défunt (L. 11, Code, *de Coll.;* — L. 12, Dig., *de Coll. bon.*).

Le rapport n'est pas dû indistinctement par l'enfant émancipé à tous les *sui heredes* avec lesquels il concourt : à cet égard, plusieurs hypothèses sont prévues par les textes; elles partent toutes de ce principe *que le rapport n'est dû qu'à celui qui souffre du concours de l'émancipé dans la succession.* Nous en examinerons seulement deux.

Première hypothèse. — Un père laisse pour héritiers un fils en puissance, des petits-enfants en puissance nés d'un fils émancipé, et enfin ce fils émancipé. *Jure civili,* ce fils émancipé devrait être exclu de la succession par ses propres enfants, héritiers siens du *de cujus; jure prætorio,* il devrait seul succéder; quel parti fallait-il prendre? Une sorte de transaction avait été admise pour trancher ce conflit assez curieux entre le droit civil et le droit prétorien. On décida que les petits-enfants prendraient la moitié seulement de ce que le droit civil leur attribuait dans la succession, et que la seconde moitié serait dévolue à leur père. — Mais alors le père ne devra le rapport qu'à ses enfants et non à son frère, puisque sa présence ne nuit nullement à ce dernier (L. 1, *princ.,* et § 1 : *De conjung. cum emancip. liberis ejus,* au Dig.).

Deuxième hypothèse. — (L. 3, § 6, Dig., *de Coll. bon.*). Julien suppose qu'un père a deux fils sous puissance et de l'un d'eux un petit-fils; il émancipe le père du petit-enfant; l'émancipé a ensuite un second enfant que l'aïeul adopte pour lui tenir lieu de fils. — On fera, dit Julien, trois parts de la succession : l'une pour le fils resté en puissance, l'autre pour le petit-fils adopté, la troisième pour le fils émancipé et le petit-fils resté en puissance. — Le fils émancipé ne devra dès lors le rapport qu'à son premier enfant resté sous la puissance de l'aïeul, car sa présence ne nuit nullement aux autres.

Le droit de demander le rapport est-il transmissible aux héritiers? Julien résout cette question par une distinction : Si l'héritier sien, dit-il, qui a droit au rapport meurt après avoir obtenu la possession de biens, la faculté de demander le rapport est transmissible à son héritier, sinon pas de transmission. Julien ne refuse pourtant pas à l'héritier du *suus* tout droit à la succession ; il lui donne la portion virile qui devait revenir à son auteur, l'héritier sien, parce que ce dernier n'ayant pas besoin de faire adition, son droit à la succession était essentiellement transmissible; mais il ne peut pas exiger le rapport, car il ne vient pas à la succession par une possession de biens. « *Ad collationem autem non admittat eum in hunc casum quia bonorum possessio admissa non est* » (L. 1, § 8, Dig., *de Collat. bonor.*; — L. 3, § 7, et L. 4, Dig., *de Bonor. possessionibus;* — L. 4, § 3, et L. 5, Dig., *de Bon. poss. contra tab.*). — Cujas était d'un avis opposé; il préférait appliquer par analogie la décision de Scévola (L. 10, Dig., *de Coll. bon.*), et permettait à l'héritier d'exiger le rapport lors même que son auteur serait mort sans avoir demandé la possession de biens.

SECTION III.

QUELS BIENS SONT SOUMIS A LA *collatio bonorum?*

L'enfant doit rapporter tout ce qui serait devenu la propriété de son père, s'il n'avait pas été émancipé. Ce principe ne doit, bien entendu, être appliqué qu'aux biens déjà acquis par l'enfant émancipé à la mort du *de cujus;* ceux qui lui seraient advenus postérieurement ne sauraient être sujets à rapport, puisque même sans l'émancipation de l'enfant, le défunt n'en serait pas devenu propriétaire (LL. 6 et 15, Code, *de Collat.*).

Dans quel état les biens doivent-ils être rapportés? Dans l'état où ils sont au moment de la mort du *paterfamilias;* cependant (L. 1, § 23, Dig., *de Collat. bonorum*), l'enfant émancipé est encore tenu du rapport si les biens ont été perdus ou détériorés *par son dol.* Il ne faudrait pourtant pas faire de cette règle un principe absolu; si l'émancipé a diminué par dol son patrimoine, il est, en effet, tenu au rapport; mais s'il a seulement manqué de l'augmenter, le rapport n'est plus exigé, et Ulpien nous en donne le motif dans le texte précité : « *Cæterum si id egit ne acquireret non venit in collationem, nam hic et sibi insidiatus est.* »

Que décider des biens qui ont péri après la mort du *de cujus?* Une distinction ici est nécessaire : n'y a-t-il aucune faute à reprocher à l'enfant émancipé, aucun rapport n'est dû (L. 2, § 2, Dig., *de Collat. bonorum*); y a-t-il de sa part dol ou faute lourde, il est tenu de rapporter.

L'enfant émancipé doit rapporter tous ses biens propres, sans qu'il y ait à rechercher s'ils ont été acquis à titre

gratuit ou onéreux; il ne faut pas toutefois oublier le principe fondamental de la matière, d'après lequel l'enfant ne
doit rapporter que ce qui fût devenu la propriété de son
père s'il n'avait pas été émancipé; nous devons donc dispenser du rapport, avec la loi 1, § 15, Dig., *de Collat.*
bonorum, le pécule castrens : « *Nec castrense, nec quasi-*
castrense peculium fratribus confertur; hoc enim
præcipuum esse oportere multis Constitutionibus con-
tinetur. » On ne pouvait, en effet, demander le rapport de
ce pécule aux émancipés, puisque les fils en puissance pouvaient en acquérir un semblable et le conserver à la mort
de leur père.

L'exception du pécule *castrens* doit-elle être étendue au
pécule *quasi-castrens?* Pourquoi en douter, dirait-on au
premier abord, la loi 1, § 15, que nous venons de rapporter,
n'est-elle pas formelle? Il existe pourtant un motif décisif
de voir dans les mots *nec quasi-castrense*, de la loi précitée, une interpolation de Tribonien; comment expliquer
qu'Ulpien, auteur de cette loi, ait parlé du pécule *quasi-*
castrens qui était inconnu de son temps et qui ne fut établi
que sous Constantin?

Nous avons posé, en principe général, que l'enfant émancipé ne devait le rapport que des biens qui lui appartenaient
à la mort de son père : certains textes semblent pourtant
contraires à cette proposition; toutefois, à y regarder de
près, ces textes, au lieu d'être une négation de la règle, en
sont plutôt la confirmation. Nous allons en examiner
quelques-uns.

1° Un petit-fils posthume né d'un fils émancipé concourt
avec des enfants en puissance (par représentation de son
père) à la succession de son grand-père; celui-ci, par hypothèse, est mort entre la conception et la naissance de son

petit-fils. Le petit-fils, représentant son père, obtient la possession de biens, mais doit rapporter son patrimoine : « *Licet non potest dici mortis tempore avi bona habuisse, qui ipse nondum in rerum natura erat* » (L. 2, princ., Dig., *de Collat. bonor.*). On le considère comme déjà existant au décès de son aïeul, mais on doit lui appliquer cette présomption avec toutes ses conséquences bonnes ou mauvaises, il faut donc lui demander le rapport. — Si le père du posthume était mort après l'aïeul mais avant la naissance de son fils, ce ne seraient plus ses biens propres que celui-ci devrait rapporter, mais ceux que possédait son père au jour du décès de l'aïeul.

2° Un fils était captif à la mort de son père, et plus tard il est admis à la possession de biens ; il n'avait rien en propre à la mort de son père, puisqu'il était esclave, mais ensuite le *postliminium* lui a rendu son état primitif et l'a fait considérer comme n'ayant jamais perdu la propriété de ses biens. Donc, s'il avait été émancipé avant son esclavage et s'il ne venait à la succession paternelle que par le secours prétorien de la possession de biens, il devait rapporter à ses frères et sœurs en puissance ce qui lui eût appartenu à la mort de son père s'il eût été libre. La loi va plus loin, car elle ajoute *in fine* (L. 1, § 17, Dig., *de Collat. bonor.*) : « *Sed etsi redemptus ab hostibus mortis tempore patris inveniatur, æque collatio erit facienda;* » rappelons en passant que le *redemptus* était le citoyen racheté, mais restant, jusqu'à sa libération, soumis à celui qui avait payé sa rançon.

3° Un homme meurt laissant un fils émancipé qui obtient la possession de biens, et des héritiers siens ; Ulpien décide que le fils émancipé doit rapporter le pécule castrens de son fils qui vient de mourir, car le père recueille le pécule de son fils plutôt par droit de propriété que par droit de succession, et il est censé avoir toujours été propriétaire des biens compris dans ce pécule (L. 1, § 22, Dig., *de Collat. bon.*).

Nous voyons donc que ces textes, qui au premier abord semblent déroger au principe déjà posé, viennent au contraire le confirmer quand on les examine de près.

Certaines choses, à cause de leur nature ou par suite de leur destination, ne sont pas sujettes à rapport.

L'enfant émancipé reçoit une dot de sa femme; il la gardera, non-seulement si, à la mort du *de cujus*, il est encore marié ou s'il est divorcé, mais même s'il est veuf; car les charges du mariage peuvent survivre au décès de l'épouse, et la dot est destinée à subvenir à ces charges : « *Emancipatus filius, si dotem habeat ab uxore acceptam, hoc minus confert, etsi ante uxor decessisset* » (L. 1, § 20, Dig., *de Coll. bon.*). La loi 3, § 4, du même titre, permettait au fils héritier sien de prélever la dot de sa femme à la mort de son père, pour conserver l'égalité.

Supposons que l'enfant émancipé constitue une dot à sa fille, elle ne sera pas rapportable : « *Filium emancipatum dotem, quam filiæ suæ nomine dedit, conferre non debere, quia non sicut in matrisfamilias bonis esse dos intelligatur, ita et in patris a quo sit profecta* » (L. 4, même titre). Nous croirions, au contraire, cette dot rapportable si le père l'avait recouvrée après la mort de sa fille, mais avant la mort du *de cujus*.

Un père donne à son fils émancipé certains biens pour supporter les charges d'une dignité ou d'une magistrature; le rapport ne sera pas dû; et même si ces biens ne sont encore que promis, n'ont pas encore été donnés au fils lors de la mort de son père, on devra y voir une dette à la charge de la succession (L. 2, Code, *de Collat.*, et L. 1, § 16, Dig., *de Collat. bon.*). La loi 20, au Code, *de Collationibus*, dit pourtant que le fils doit rapporter à la succession de son père ce qu'il en a reçu *ad militiam emendam;* cette solution s'explique, car la *militia* constituait un office cessible et transmissible, et procurait des bénéfices à celui qui en était investi.

Quant aux dépenses d'éducation et d'instruction d'un fils émancipé, une distinction est nécessaire : si le père a agi *pietate ductus*, point de rapport; il est dû, au contraire, si le père a simplement entendu faire un prêt.

Parmi les actions et les créances, quelques-unes sont dispensées du rapport, quelques autres y sont soumises. En sont dispensées : les actions personnelles à l'enfant émancipé, comme celle d'injure (L. 2, § 4, Dig., *de Coll. bon.*), l'action *de moribus* que Justinien supprima plus tard. — Mais les actions cessibles ou transmissibles sont rapportables, par exemple l'action *furti* (L. 2, § 4); on fait une distinction en ce qui concerne l'action donnée à l'adrogé impubère qui a droit à la quarte Antonine : le rapport est dû, si la succession de l'adrogeant est ouverte à la mort du père naturel; sinon, comme le dit la loi 1, § 21, « *prœmatura est spes collationis.* »

Les créances même conditionnelles, résultant d'une stipulation, sont rapportables; résultant d'un legs, on appliquera les principes en matière de legs. Il n'y aura pas de rapport, si les choses léguées ne deviennent la propriété de l'émancipé qu'après le décès du père de famille, car la condition accomplie n'a pas d'effet rétroactif en matière de legs (L. 2, § 3, Dig., *de Collat. bon.*).

La loi 1, §§ 18 et 19, Dig., *de Collat. bon.*, suppose une autre hypothèse : une chose est léguée à l'émancipé sous la modalité : *Cum pater morietur*, sera-t-elle rapportable ? Oui, car le legs, sans l'émancipation, aurait appartenu au père, puisque le *dies cedit* eût eu lieu de son vivant. Mais si l'objet avait été laissé au père en fidéicommis pour être transmis, à son décès, à l'émancipé, il n'y aurait plus de rapport, car le fait de la *collatio* rendrait le fidéicommis inutile ; or, on respectait grandement à Rome la volonté des défunts, on la déclarait difficilement non valable, aussi interpréta-t-on la condition : *Cum pater morietur*, comme s'il y avait eu : *Postquam pater mortuus erit.* Du reste, le fils en puissance profitait aussi des biens à lui laissés dans les mêmes conditions.

Tous les biens de l'émancipé sont soumis au rapport ; mais il faut d'avance faire déduction de ses dettes suivant la maxime : « *Bona non intelliguntur, nisi deducto œre alieno.* » — On ne déduit pas cependant les dettes conditionnelles, mais l'héritier sien donne à l'émancipé caution de le couvrir, si la condition se réalise, pour la part qui aura été rapportée (L. 2, § 1, Dig., *de Collat. bon.*). — Si le fils émancipé a des biens non soumis au rapport, les dettes sont réparties entre la masse des biens rapportables et celle des biens qui ne le sont pas.

Nous avons recherché quels biens sont rapportables ; une seconde question se pose maintenant comme complément obligé de la première : *Quel est le quantum de ce rapport ?*

Je pose d'abord un principe général. Pour fixer le *quantum* de la *collatio bonorum*, il faut se régler sur le préjudice causé par l'enfant émancipé aux héritiers siens. Appliquons ce principe.

L'enfant émancipé, en face d'un seul enfant en puissance, devait rapporter la moitié de ses biens, car il enlevait à cet enfant la moitié de la succession ; — si la présence de l'émancipé nuisait à deux héritiers siens, il rapportait à chacun d'eux un tiers de ses biens, car ayant droit au tiers de la succession, il enlevait à chacun un tiers de sa part (L. 1, § 24). — Supposons maintenant, avec la loi 3, § 2, plusieurs émancipés. Chacun d'eux rapportait plus qu'il ne prenait dans la succession, car le rapport ne lui étant pas dû, il ne profitait pas de celui que faisaient les autres héritiers. Mais cette solution est-elle équitable? L'enfant émancipé n'est-il pas sacrifié? En théorie, oui, mais en pratique ses intérêts n'étaient pas lésés, car il pouvait toujours renoncer à la *bonorum possessio*.

La loi 2, § 6, Dig., *de Collat. bon.*, nous offre une hypothèse où la fortune de l'émancipé sera totalement absorbée par les rapports qu'il aura à faire, sans qu'il puisse en conserver une seule partie. Un fils émancipé né d'un fils émancipé vient à la fois par la *bonorum possessio* à la succession de son père et de son aïeul. L'enfant devra rapporter une moitié de ses biens à la succession de son aïeul, et l'autre à celle de son père; sa fortune se trouvera donc totalement absorbée par les rapports. Il se pourrait même que l'enfant émancipé fût obligé de rapporter plus qu'il n'a; c'est ce qui arrivera s'il y a dans une ou dans chacune des successions plusieurs héritiers siens.

Les petits-enfants, qui viennent par représentation d'un fils prédécédé, n'ont droit à la *collatio* que pour une part, et ils doivent également rapporter comme s'ils ne formaient qu'une seule tête (L. 7, L. 2, § 7, Dig., *de Collat. bon.*).

Enfin, l'enfant émancipé en concours, sur la succession de son père, avec ses propres enfants restés sous la puissance de leur aïeul, quel que soit leur nombre, ne leur doit le rapport que d'une moitié de ses biens.

SECTION IV.

DE QUELLE MANIÈRE SE FAIT LA *collatio bonorum?*

« *Quamvis autem edictum prœtoris de cautione loquatur, tamen etiam re posse fieri collationem... Pomponius scripsit; aut enim re, inquit, aut cautione facienda est collatio* » (L. 1, § 11, *de Coll. bon.*).

La *collatio* peut avoir lieu de deux manières : *re* ou *cautione.*

La caution était la dation de sûretés fournies aux héritiers siens par l'émancipé; ces sûretés ne constituaient pas le rapport, elles garantissaient seulement son exécution postérieure. — Quelles pouvaient être ces sûretés? La dation de fidéjusseurs était une caution valable, mais pouvait-on fournir seulement des gages ou des hypothèques? Les jurisconsultes n'étaient pas d'accord sur ce point. La loi 1, § 9, nous indique l'opinion de Pomponius et d'Ulpien; c'est un texte d'Ulpien, et on y lit : « *Pomponius... scripsit et reis et pignoribus certe caveri de collatione. Et ita quoque puto.* » Il existe, toutefois, un autre texte d'Ulpien également où ce jurisconsulte semble donner une autre solution : c'est la loi 7, au Dig., *de Stipulationibus prætoriis,* où il est dit : « *Prætoriæ satisdationes personas desiderant pro se intervenientium; et neque pignoribus quis, neque pecuniæ, vel auri, vel argenti depositione in vicem satisdationis fungitur.* » — Ces deux textes sont-ils, oui ou non, en contradiction? Non, et voici la conciliation que l'on peut adopter : la loi 7 statue pour le cas où une satisdation serait expressément demandée par le préteur, tandis que dans la loi 1, §9, une caution seulement étant exigée, les parties avaient plus de liberté dans la nature de la garantie à fournir.

Le rapport pouvait encore avoir lieu immédiatement en nature, l'émancipé partageait ses biens avec ses frères et sœurs, sans donner caution; mais il fallait pour cela que la consistance des biens fût nettement établie (L. 1, § 11).

Outre le rapport en nature, il y avait aussi ce que nous appelons le rapport en moins prenant : l'émancipé abandonnait à ses cohéritiers une certaine somme à prendre sur les biens paternels qui devaient lui revenir, somme égale à celle dont il eût dû opérer le rapport en nature, ou bien, par une sorte de *datio in solutum*, il renonçait en leur faveur à une créance héréditaire, à un fonds, ou à toute autre chose (L. 1, § 12).

Ce dernier texte ne devrait s'appliquer, d'après Vinnius, que dans le cas où tous les héritiers consentent à ce que le rapport ne soit pas fait en nature, ou bien encore dans le cas où le rapport en nature est devenu impossible, la chose due n'étant plus entre les mains de l'émancipé. Le rapport, pose-t-il en principe, ne peut être fait que *re* si les héritiers siens le veulent, et ils ont le droit de l'exiger, comme le créancier peut exiger en payement la chose même qui lui est due.

Nous venons de voir de quelle manière se faisait la *collatio;* cherchons maintenant à quelle époque elle devait avoir lieu.

Le jurisconsulte Paul (*Sent.*, V, 9, 4), semble dire que l'enfant émancipé ne peut demander la possession de biens qu'après avoir opéré le rapport; mais à la loi 2, § 9 (Dig., *de Coll. bon.*), il adoucit sa première décision : « *Si per inopiam emancipatus cavere non possit, non statim ab eo transferenda est possessio, sed sustinendum, donec possit invenire fidejussores.* » Julien va même jusqu'à déclarer que le préteur accorde la possession de biens sans aucune condition de rapport : « *Prœtor non sub conditione collationis bonorum possessionem promittit, sed demonstrat quid, data bonorum possessione, fieri oportet* » (L. 3, *princ.*); sinon, l'émancipé aurait pu perdre toute l'hérédité, soit qu'il vînt à mourir et ne laissât rien à son héritier, soit que la mort de l'héritier sien lui-même l'empêchât d'être admis à la possession de biens.

Cette solution, favorable à l'émancipé, n'était-elle pas toutefois de nature à nuire aux héritiers siens? Comment le contraindre au rapport quand il a obtenu la possession de biens sans donner de *satisdatio?* On avait créé des modes différents, suivant les cas. Si l'émancipé refusait le rapport par mauvaise volonté, *per contumaciam*, on ne lui donnait pas les actions héréditaires, « *et hujus portio ei qui in potestate est prodesse debet* » (L. 2, § 8; — L. 3, *princ., in fine*). On rendait pourtant à l'émancipé tous ses anciens droits s'il donnait plus tard caution, pourvu qu'il fût encore dans le délai pour demander la possession de biens. Ceci n'avait été admis, observe Papinien, que pour éviter des disputes d'intérêts entre héritiers, car en droit pur l'émancipé, ne fournissant pas la caution qu'il devait, aurait dû être présumé répudiant la possession de biens (L. 1, § 10; L. 8). — Si c'était la pauvreté qui empêchait l'émancipé de fournir caution, s'il ne pouvait la donner *per inopiam*, on attendait pour lui transférer les actions héréditaires qu'il eût trouvé des fidéjusseurs; les enfants en puissance gardaient dans l'intervalle la possession de toute l'hérédité, pour tirer parti des objets qui se seraient détériorés par suite du retard, et ils donnaient eux-mêmes caution de tout remettre à la masse, si l'émancipé trouvait des sûretés; en outre, on nommait un curateur à la portion de celui qui ne trouvait pas de caution ; il avait pour fonction de recevoir les sommes provenant des choses de l'hérédité, et de veiller sur la part de l'émancipé pour la lui rendre quand il aurait opéré la *collatio* de ses biens (L. 1, § 10).

La loi 2, § 8, suppose deux émancipés demandant la *bonorum possessio* et l'un deux seulement effectuant le rapport. Elle décide que la part de celui qui ne rapporte pas sera dévolue en entier à l'héritier sien, au lieu d'être partagée entre celui-ci et l'autre émancipé.

Supposons maintenant, avec la loi 1, § 13, non plus deux émancipés devant le rapport à un héritier sien, mais un seul émancipé devant le rapport à deux héritiers siens ; il ne l'effectue qu'à l'égard d'un seul ; doit-il être privé de toute sa part ou seulement de la moitié? S'il refuse de donner caution *per contumaciam*, on lui enlève toute action « *nec enim videtur cavisse qui non omnibus cavit;* » si c'est *per inopiam*, on lui accorde une moitié de sa part et on nomme un curateur pour le reste.

Autre hypothèse fournie par la loi 3, § 5. — Un émancipé fournit satisdation en délibérant s'il doit demander la possession de biens, puis il renonce à la succession. Si son frère voulait agir contre lui en vertu de la caution, il serait de plein droit libéré, et lors même qu'il aurait rapporté en nature, il pourrait répéter par la *condictio*. En effet, le rapport est nul du moment que la possession de biens n'est pas demandée.

Jusqu'au partage, les héritiers pouvaient écarter celui qui n'aurait pas fourni caution ; mais si le partage a eu lieu, l'émancipé pourra-t-il refuser le rapport sans que les autres puissent l'y contraindre? La loi 3, au Code, *Communia utriusque judicii*, permet de faire casser le partage s'il n'a pas été fait en justice ; au cas contraire, les héritiers trompés peuvent obt. nir du préteur une sorte de *restitutio in integrum;* ils intentaient alors une seconde *actio familiæ erciscundæ,* l'émancipé leur opposait l'*exceptio rei judicatæ,* et ils y répondaient par la réplique de dol.

APPENDICE.

DE LA COLLATIO DOTIS.

Nous avons cru devoir traiter séparément de la *collatio dotis,* car les règles qui la régissent diffèrent sur certains points de celles de la *collatio bonorum.*

Ces règles étaient les mêmes quand il s'agissait d'une fille émancipée; elle ne devait jamais le rapport qu'aux héritiers siens, et elle rapportait sa dot sans qu'il y eût à distinguer si elle la tenait de son père ou d'un étranger. — Mais les règles de la *collatio bonorum* cessaient d'être applicables, si la fille était encore en puissance. En droit romain, la dot, nous le savons, était une sorte de patrimoine personnel de la femme; le mari en était bien propriétaire, *constante matrimonio,* mais ce droit de propriété laissait néanmoins subsister celui de la femme, tellement que sa dot lui était restituée si le mariage était dissous par la mort du mari ou par le divorce.

C'est le préteur qui a établi la *collatio dotis :* elle a pour but de rétablir l'égalité entre les héritiers siens, mais c'était un remède bien peu efficace, car la fille pouvait éluder le rapport en s'en tenant à son titre d'héritière *jure civili,* et en ne demandant pas la possession de biens. Aussi un rescrit d'Antonin le Pieux, dont le texte est conservé à la loi 1, *princ.*, Dig., *de Dotis collatione*, soumit la fille au rapport pour le fait seul de s'être immiscée dans les biens de la succession, qu'elle eût ou non demandé la possession de biens.

Nous nous proposons d'étudier sur ce sujet les trois questions suivantes :

Dans quels cas a lieu la *collatio dotis?*
A quelles personnes doit-elle être faite?
Comment a-t-elle lieu?

§ 1. — *Dans quels cas a lieu la* collatio dotis?

Nous avons déjà dit qu'elle avait lieu soit que la fille vînt à la succession d'après le droit civil comme héritière *ab intestat,* soit qu'elle y vînt par une possession de biens. Mais elle cesserait d'être due si la fille avait été instituée dans le testament paternel, à moins que son père ne l'y eût spécialement obligée (L. 3, Dig., *de Dotis collat.*).

Supposons qu'une fille instituée héritière vienne à la succession par la possession de biens *contra tabulas,* au lieu d'invoquer le testament; la loi 3 la dispense du rapport, parce qu'elle ne nuit pas à ses frères, en admettant toutefois qu'elle ne reçoive pas plus par la possession de biens que ce qu'elle eût obtenu en vertu du testament; si, en effet, elle avait été instituée pour une part moindre que la part qu'elle devait avoir *jure prætorio,* elle serait tenue au rapport.

Le père pouvait libérer sa fille de l'obligation de rapporter soit expressément, soit tacitement; Scévola le prouve dans l'exemple suivant tiré de la loi 39, § 1, *Familiæ erciscundæ :* Un père meurt *intestat;* il a partagé son patrimoine entre ses enfants par des codicilles, et a donné une part plus forte à son fils qu'à sa fille par lui dotée; la fille, dit Scévola, ne rapportera pas ; le père, par cela seul qu'il lui a donné une part moins forte, est présumé avoir voulu la dispenser de rapporter sa dot.

Jusqu'ici, nous avons toujours supposé que la fille acceptait la succession paternelle, mais il pouvait arriver qu'elle s'abstînt de l'hérédité ; que devenait alors sa dot? Tryphoninus constate que les anciens jurisconsultes étaient en désaccord sur ce point, mais un rescrit de Marc-Aurèle autorisa la fille renonçante à garder sa dot ; on en conclut qu'elle pouvait même la réclamer de ses frères et sœurs si son père ne la lui avait pas encore payée.

Observons enfin (L. 4, Dig.) que la fille renonçante pouvait, sans rapporter sa dot, recueillir ce que son père lui avait laissé par codicilles, ou par legs si elle avait été exhérédée.

§2. — *A quelles personnes doit être faite la* collatio dotis?

Elle devait être faite aux frères et sœurs restés en puissance ; la fille rapportait la dot qui lui avait été constituée par son père (dot profectice), car cette dot avait diminué d'autant le patrimoine paternel, et même celle qui lui avait été constituée par un étranger (dot adventice), quoiqu'il n'y eût plus diminution du patrimoine paternel, parce qu'elle fût entrée dans les biens du père si la fille n'avait pas été mariée.

Les frères et sœurs en puissance ne profitaient pas seuls de la *collatio dotis* effectuée par leur sœur mariée ; les enfants émancipés y étaient aussi eux admis. Il eût été injuste, en effet, de ne pas contraindre une fille en puissance à rapporter sa dot en faveur d'une fille émancipée, puisque cette dernière était tenue de rapporter la sienne à sa sœur en puissance. Cependant on n'était pas d'accord sur l'étendue de ce rapport : les uns demandaient à la fille en puissance le rapport de sa dot profectice et de sa dot adventice, les autres de sa dot profectice seule ; mais l'empereur Gordien, dans la loi 4, au Code, *de Collat.*, *in fine*, décida que la *collatio dotis* n'aurait plus lieu en faveur des émancipés que sur la dot profectice seule.

Aux termes de la loi 1, §§ 2, 3 et 4, Dig., *de Collat. dotis*, la *collatio* ne devait avoir lieu qu'en faveur de ceux qui se trouvaient en concours avec la fille dotée et auxquels sa présence portait préjudice.

Le rapport doit aussi être fait aux héritiers de celui auquel la *collatio* était due ; ainsi la loi 14, Code, *de Collat.*, suppose un fils mourant après avoir succédé à son père et laissant un posthume, le posthume pourra exiger le rapport de la dot de la sœur de son père.

Notons enfin que la fille émancipée ne devait le rapport qu'aux enfants en puissance et jamais aux émancipés.

§ 3. — *Comment a lieu la* collatio dotis?

Elle avait lieu, comme la *collatio bonorum*, par une *satisdatio*, en nature, ou en moins prenant.

Le rapport en nature n'était possible qu'après la dissolution du mariage par le divorce ou le prédécès du mari, car jusque-là la femme n'était pas en possession de sa dot ; elle rapportait alors en moins prenant, de telle sorte qu'elle se trouvait ainsi dotée de ses biens personnels (L. 5, Code, *de Collat.*). Mais un fait pouvait se produire, la femme pouvait être mariée à un insolvable ; devait-elle néanmoins rapporter en moins prenant la totalité de sa dot? Ulpien ne le croit pas ; si le mari est insolvable, dit-il, la femme ne devra le rapport de sa dot que jusqu'à concurrence de la

portion que son mari pourra lui restituer (L. 1, § 8, Dig.),
Cette doctrine n'était pas suivie dans la pratique, et Justinien résolut la question à l'aide d'une distinction (Nov. 97,
chap. vi). La femme était-elle en faute, c'est-à-dire était-
elle *sui juris* et d'un âge raisonnable, et avait-elle négligé
d'exercer son action en répétition de dot contre son mari
dont l'insolvabilité imminente ne lui était pas inconnue,
elle devait rapporter en moins prenant la totalité de sa dot.
Était-elle au contraire en puissance, et son père avait-il
refusé de consentir à l'action qu'elle voulait intenter contre
son mari, il n'y avait plus aucune faute à lui reprocher; elle
devait rapporter uniquement son action en restitution de
dot; si toutefois la dot était considérable, la fille devait agir
malgré la volonté de son père.

Remarquons, avec la loi 1, § 1, que la fille qui avait reçu
une dot adventice ne devait pas le rapport, si le constituant
avait stipulé à son profit le droit de retour au cas de dissolution du mariage.

Au cas d'une dot promise sous condition (L. 1, § 7), la
femme donnait caution de la rapporter lorsqu'elle lui aurait
été fournie.

Si la dot, promise à une fille par son père, ne lui a pas
encore été fournie, elle peut en opérer le rapport par libération ou par acceptilation : Un père meurt *intestat;* lui
succèdent une fille à laquelle il a promis une dot, et deux fils;
la dot est rapportable, la fille libérera ses frères de la part
dont ils sont tenus. Ceci suppose que le mari de la fille
a consenti à ce que sa femme libérât ses frères de l'obligation
de fournir la dot promise; s'il s'y refusait, la femme devrait
garantir ses frères des poursuites que son mari pourrait
exercer contre eux (L. 1, § 8, Dig.; — L. 2, Code, *de Collationibus*).

(L. 5, § 1, Dig.). Si la fille est en retard pour effectuer la *collatio dotis*, elle en doit les intérêts *arbitratu boni viri* depuis l'époque où elle aurait dû rapporter.

Observons, en finissant, que la dot ne constituant ni une universalité, ni une quote-part d'universalité, on ne devait pas déduire les dettes du rapport, sauf les impenses néces-saires pour la conservation des biens dotaux (L. 1, § 5, Dig.), et les dettes imposées comme une charge de la consti-tution des biens en dot.

CHAPITRE II.

Droit impérial.

Nous l'étudierons sous deux divisions : 1° *droit impérial* antérieur à Justinien ; — 2° *droit de Justinien*.

SECTION I.

DROIT IMPÉRIAL ANTÉRIEUR A JUSTINIEN.

Le droit primitif romain refusait au *filiusfamilias* la capacité d'acquérir pour lui-même et d'avoir un patrimoine distinct de celui de son *paterfamilias*. — César lui permit de conserver en propre, sous le nom de *peculium castrense*, ce qu'il aurait acquis au service militaire : l'enfant émancipé effectuant la *collatio bonorum*, en déduisait donc les biens qu'il avait gagnés aux armées, puisque chacun de ses frères en puissance gardait lui-même son pécule castrens (L. 1, § 15, Dig., *de Collat.*). — En 320, Constantin créa un nouveau pécule ; il donna le nom de *peculium quasi-castrense* aux biens gagnés par les officiers du palais au service de l'empereur et aux libéralités qu'il leur faisait ; on l'étendit ensuite à beaucoup d'autres fonctionnaires : ainsi, Théodose et Valentinien y admirent les avocats prétoriens et divers fonctionnaires du prétoire préfectoral ; Honorius et Théodose les avocats de toutes les juridictions ; Léon et Anthemius les évêques, les prêtres et les diacres ; on y admit enfin les proconsuls, les préfets de légion, les présidents de province, etc.

Le fils n'avait pas sur ce pécule des pouvoirs aussi étendus que sur le pécule castrens; cependant la loi 1, § 15, Dig., dispense les fils émancipés de rapporter les biens qui auraient constitué leur pécule quasi-castrens, s'ils étaient restés en puissance.

Constantin permit encore au *filiusfamilias* de conserver en propre la nue propriété des biens qui lui viendraient de la succession de sa mère, l'usufruit étant réservé au père : ce fut le *pécule adventice.* Arcadius et Honorius y firent entrer plus tard tous les biens donnés ou laissés au fils par un ascendant maternel; on y comprit même dans la suite les libéralités faites entre époux.

Enfin Justinien, en 529, partagea les biens du fils de famille en quatre pécules : *castrens* et *quasi-castrens,* qui restèrent ce qu'ils étaient; *adventice,* qui comprit tous les biens qui ne provenaient pas *ex substantia patris; profectice,* qui se composait des choses remises par le père à son fils. Le pécule adventice n'appartenait au fils qu'en nue propriété et il n'avait qu'un simple droit de jouissance sur le pécule profectice : ce pécule, à la mort du père, faisait partie de sa succession, sauf toutefois ce que le père avait donné à son fils par donation entre-vifs, si avant de mourir il n'avait pas révoqué cette donation; on la considérait comme une sorte de legs, comme une libéralité que le fils avait acquise *mortis causa.*

L'émancipé devait-il désormais rapporter son pécule adventice, tandis que ses frères en puissance en gardaient la propriété? Sur ce point, controverse entre les interprètes. Le motif de douter, c'est que d'un côté le fils en puissance conservant, à la mort de son père, la propriété de ses biens adventices, il aurait été injuste d'en demander le rapport à l'enfant émancipé, tandis que, d'un autre côté, le fils en puissance n'ayant que la nue propriété des biens adventices, alors que l'émancipé en avait la pleine propriété, il y aurait eu également injustice à dispenser du rapport l'émancipé, car il serait venu partager avec l'enfant en puissance les fruits de son pécule adventice.

Parmi les commentateurs, les uns demandent à l'émancipé le rapport de tout le pécule adventice, d'autres l'en libèrent complétement. Nous préférons nous rallier à une troisième opinion, et exiger seulement de l'émancipé le rapport des intérêts des biens adventices perçus pendant la vie du père. Il faudra, d'ailleurs, tenir compte dans le rapport à faire par l'émancipé des aliments fournis par le père à son fils en puissance.

Nous allons nous trouver maintenant en face d'un rapport tout nouveau, introduit dans des successions nouvelles et appliqué à de nouvelles espèces de biens. Sa base est aussi différente, car le rapport dont nous posions les règles jusqu'à présent ne cherchait qu'à obvier au préjudice causé à l'enfant en puissance par la présence et le concours de l'émancipé, tandis que le nouveau rapport est fondé sur l'égalité entre les cohéritiers.

Les biens qui forment surtout l'objet de ce rapport sont ceux qui ont été donnés aux enfants comme dot ou comme donation *ante* ou *propter nuptias*.

Nous faisions pressentir tout à l'heure l'introduction de nouvelles successions. En effet, sous le droit classique, l'enfant ne pouvait succéder à sa mère que si elle avait été *in manu mariti*, et les petits-enfants ne succédaient pas à leurs ascendants maternels.

L'introduction de la possession de biens *unde cognati* n'avait apporté à cette règle contre nature qu'un remède insuffisant, mais le sénatusconsulte Orphitien et des Constitutions impériales opérèrent sur ce point des modifications plus complètes.

Aux termes du sénatusconsulte Orphitien, rendu l'an de Rome 931, sous les empereurs Marc-Aurèle et Commode, la succession de la mère était dévolue à ses enfants au premier degré avant ses agnats (Inst. de Just., *de Senatusconsulto Orphit., princ.*). — Les enfants d'une fille prédécédée furent même admis par une constitution de Valentinien, Théodose et Arcadius, à succéder à leur aïeul ou aïeule du côté maternel, sans pouvoir, toutefois, prendre une part supérieure aux deux tiers de ce qui aurait été attribué à leur mère, s'ils venaient en concours avec des frères ou sœurs de celle-ci. La novelle 118 alla plus loin; elle supprima cette déduction au préjudice des petits-enfants.

Dans toutes ces successions, nous ne trouvons pas place à notre *collatio bonorum*, mais nous voyons apparaître la nouvelle espèce de rapport. En effet, l'égalité aurait été rompue si l'un des héritiers avait reçu du *de cujus* des dons importants, et si les autres n'avaient rien reçu; alors, l'empereur Léon, en 467, déclara que les dots et les donations *propter nuptias* seraient rapportées à la succession de l'ascendant donateur par tous les enfants ou descendants, sans distinction, qui les auraient reçues (L. 17, Code, *de Collat.*). Les innovations établies par cette constitution peuvent être ramenées à trois principales :

1° Tous les enfants, sans distinction, rapporteront la dot et la donation *propter nuptias ;*

2° Le rapport s'étendra à la succession de la mère et des ascendants maternels;

3° Le principe de réciprocité existera désormais entre le rapport d'héritier sien à émancipé, et d'émancipé à émancipé.

Notons que l'ancienne *collatio bonorum* subsistait toujours pour les successions paternelles.

SECTION II.

DROIT DE JUSTINIEN.

Justinien commença par mettre fin à une longue controverse qui régnait depuis la constitution de Valentinien, Théodose et Arcadius, en décidant que le rapport serait dû aux petits-enfants succédant à leur aïeule paternelle ou à leurs aïeul et aïeule maternels, par leurs oncles et tantes, et que réciproquement ils devraient rapporter à leurs oncles et tantes les dots ou donations *propter nuptias* constituées par le défunt à leur père ou mère, sous la déduction, toutefois, d'un tiers, puisqu'ils ne recueillaient que les deux tiers de la part qu'aurait prise leur père ou mère (L. 19, Code, *de Collat.*).

Justinien s'occupa ensuite des enfants donnés en adoption ; il décida, en 530, qu'ils conserveraient leurs droits dans leur famille naturelle, et les assimila, quant au rapport, à des émancipés.

Il modifia et simplifia, en 531, les formes de l'émancipation, mais il ne toucha pas au rapport ; cependant, comme les émancipés ne succédaient plus *jure prœtorio*, on fit une fiction pour les faire succéder *jure civili ;* on les assimila aux héritiers siens, et ils restèrent, comme tels, tenus au rapport.

La novelle 18, chap. vi, promulguée en 537, étendit le rapport aux successions testamentaires, et se contenta, pour une dispense de rapport, d'une volónté clairement exprimée, mais sans formalisme ; tel est le sens des mots : « *Nisi*

*expressim designaverit testator se non velle fieri colla-
tionem. »*

Remarquons qu'une dispense expresse de rapport n'était
exigée que pour la dot et la donation *propter nuptias.*
La rubrique du chap. vi de la novelle 18 ne vise, en effet,
que ces deux sortes de libéralités ; nous tirons une dernière
preuve de la dernière phrase de ce chapitre : « *Omnibus
quæ puris de collationibus a nobis sancita sunt in sua
virtute manentibus.* »

Nous voyons désormais quel est le motif de la nécessité
d'une dispense de rapport pour qu'un enfant puisse être
avantagé aux dépens des autres. On craint que le *de cujus*
mourant n'oublie les donations qu'il a faites et ne pense pas
à rétablir l'égalité entre ses héritiers. Cette raison ne
pouvait pas s'appliquer aux legs, qui ne furent jamais
soumis au rapport.

Nous arrivons maintenant au changement complet opéré
dans les successions *ab intestat* par la novelle 118, en
l'année 543. On y appelle tous les enfants sans distinction,
les enfants par les femmes comme les descendants par les
mâles, les héritiers siens comme les émancipés ; on abandonne l'agnation et on ne tient plus compte que de la
cognation.

Cette novelle a-t-elle pourtant complétement supprimé
la *collatio emancipati?* Oui, disent quelques commentateurs, puisque l'enfant émancipé succède maintenant *jure
civili* comme l'enfant en puissance. Non, pensent d'autres
auteurs, car le rapport a été établi comme une compensation pour l'héritier sien de l'obligation où il était de partager
la succession de son père avec les émancipés ; or, on ne
comprendrait pas que Justinien se fût montré ici moins

équitable que le préteur et eût supprimé le rapport de l'émancipé au moment où il admettait plus facilement celui-ci à la succession de son père, au préjudice des héritiers siens. D'ailleurs, la *collatio emancipati* serait tout au moins conservée dans les successions testamentaires que la novelle 118 n'a pas modifiées.

Aucune de ces deux solutions ne nous satisfait pleinement, et nous chercherons dans une distinction la solution de ce point délicat. De deux choses l'une : ou l'émancipé arrive *ab intestat* à la succession, et alors il ne devra pas le rapport, car il y vient au même titre que l'héritier sien, puisqu'il y vient comme enfant; le droit à la succession changeant, la *collatio* change aussi, car elle n'a plus de base; — ou l'émancipé, omis dans le testament paternel, intente une action à cet effet, et alors il doit le rapport, car la novelle 118 n'a modifié ni les successions testamentaires, ni la nécessité d'instituer ou d'exhéréder nominativement ses enfants.

Il existe une controverse importante qui a longtemps partagé les anciens commentateurs du droit romain. L'émancipé ne devait rapporter les donations simples qu'il avait reçues de son père que si elles faisaient partie de son pécule profectice. Pour les enfants en puissance, ces sortes de donations n'entraient pas dans leur patrimoine; les biens qui en faisaient partie continuaient à appartenir à leur père; seulement, si leur père confirmait cette donation par un testament ou un codicille, l'enfant gardait l'objet de cette donation sans être soumis au rapport, puisque les libéralités testamentaires ou codicillaires n'étaient pas rapportables.

Mais l'empereur Léon ordonna le rapport dans les successions nouvellement organisées, et Justinien donna, en l'année 428, un effet rétroactif aux donations entre-vifs faites aux enfants en puissance et confirmées, soit par un testament ou un codicille du père, soit même par son silence (L. 25, au Code, liv. V, tit. XVI). Dès lors, les difficultés commencent; prenons des exemples :

Première hypothèse. — Un père fait une donation simple à son enfant en puissance, y a-t-il lieu à rapport? Non, d'après certains auteurs, aucun rapport n'est dû, sauf si le père en a fait une condition de sa donation, ou si d'autres cohéritiers sont obligés de rapporter des dots ou des donations à cause de noces qui leur avaient été constituées. On invoque à l'appui de cette première opinion la loi 20, au Code, *de Collat.;* la loi 18, *Familiæ erciscundæ;* la loi 25, au Code, *de Don. inter vir. et uxor.* — Oui, selon d'autres auteurs, le fils en puissance est tenu au rapport; on s'appuie encore ici sur la loi 25 précitée, car on fait observer qu'elle a attribué un effet rétroactif à la confirmation du père; on oppose à la loi 18 la loi 13, au Code, *de Collat.* — Nous préférons néanmoins nous rallier au premier système.

Deuxième hypothèse. — Un enfant émancipé a reçu de son père une donation simple, et lui succède en concours avec des enfants en puissance; doit-il rapporter sa donation? Non, disent les uns, sauf si le rapport peut être exigé même des enfants en puissance; et l'on argumente de la loi 20, au Code, qui ne fait aucune distinction entre les successions ni entre les héritiers; on dit en outre que le rapport ressemble beaucoup à l'imputation, et qu'une donation simple n'est imputable sur la quarte que si le testateur l'a ordonné expressément. — Oui, répondent les autres, et nous nous rangeons de leur côté, le rapport est dû. On argumente contre nous de la loi 20; nous y répondons qu'elle

n'a pas pour but de régler le cas qui nous occupe; loin de
restreindre l'obligation du rapport, elle y soumet, au contraire, des biens qui en étaient dispensés. Le second argument, vrai dans ses prémisses, est faux dans sa conclusion :
le rapport ressemble à l'imputation, c'est vrai; la donation
n'est imputable que si le donateur l'a ordonné, c'est encore
vrai; mais on ne peut en conclure que la donation ne soit
rapportable que dans ce seul cas.

Il y a d'autres questions sur lesquelles aucun doute ne
serait possible. Si la donation, par exemple, au lieu d'être
faite par le père ou un ascendant paternel à un enfant en
puissance, l'a été par la mère ou un ascendant maternel, il
ne peut y avoir de rapport, sauf si la donation a été faite
sous la condition du rapport, ou en compensation d'une dot
ou d'une donation à cause de noces que rapporte un autre
enfant (L. 20, Code, *de Collat.*).

De même, la loi 17, au Code, *de Collat.*, qui parle des
enfants émancipés, ne s'occupe que de la dot et des donations à cause de noces; donc, une donation simple n'est pas
sujette à rapport, si des émancipés concourent seuls à la
succession de leur père.

Toutes ces réformes avaient amené une modification complète de la théorie de la *collatio bonorum;* on avait entièrement abandonné le point de vue primitif qui consistait dans
l'indemnité imposée aux émancipés au profit des héritiers
siens; la *collatio bonorum* était devenue un véritable
rapport, ayant pour but de maintenir l'égalité entre les
héritiers.

DROIT FRANÇAIS.

DES RAPPORTS.

HISTORIQUE.

L'étude de cette matière serait par trop incomplète, si on se contentait de l'examiner telle qu'elle est sortie des mains du législateur de 1804, sans en rechercher les origines dans notre législation française antérieure. Il est donc nécessaire de consacrer quelques instants à un aperçu historique avant d'aborder la *théorie des rapports* de la section II, chap. VI, tit. I, liv. III, du Code civil.

CHAPITRE I.

Droit ancien.

Avant 1789, les règles du rapport n'étaient pas les mêmes sur toute l'étendue du territoire français : au midi de la France, c'est-à-dire dans les pays de droit écrit, on suivait les principes du droit romain, tandis que dans les pays de coutumes, on suivait une législation puisée dans les mœurs et le caractère de la nation. De là, la nécessité d'une division bipartite.

PREMIÈRE PARTIE.

Droit écrit.

« Les provinces qui se gouvernent par le droit écrit, dit Merlin, se sont conformées, sans difficulté ni restriction, au droit romain, et actuellement encore elles ne connaissent pas d'autres lois sur le rapport que les règles qu'elles y ont puisées (1). »

Il nous suffira donc ici de nous reporter au dernier état du droit romain. D'où les conséquences suivantes :

1° Les héritiers en ligne directe descendante sont seuls soumis au rapport, que la succession soit testamentaire ou non ; les ascendants et les collatéraux n'y sont jamais soumis ;

---

(1) Merlin, *Répert.*, v° *Rapport*, § 1, n° 2.

2° La dispense de rapport, pour être valable, devra être expresse, sans qu'il soit nécessaire d'exiger une formule sacramentelle : « La défense de rapport est odieuse, dit Lebrun, et cela suffit pour qu'elle doive toujours être formelle » (*des Successions*, chap. VI, sect. I, n° 10);

3° L'héritier donataire peut se dispenser du rapport en renonçant à la succession, pourvu toutefois que les autres enfants trouvent toujours leur légitime;

4° Les qualités d'héritier et de légataire ne sont pas incompatibles : « Il n'est pas défendu par la loi écrite, dit Bouteiller, dans sa *Somme rurale*, qu'aucun ne puisse être aumosnier et parchonnier d'aucune chose, combien que maintes Coutumes soient contraires (1); »

5° Les dettes n'étaient pas rapportables; l'héritier débiteur était considéré comme un simple débiteur.

DEUXIÈME PARTIE.

Droit coutumier.

Les pays de coutumes étaient loin d'admettre tous les mêmes principes en matière de rapport. « Nos Coutumes, disait Lebrun, sont bien opposées les unes aux autres sur cette matière. » Et après avoir examiné *onze genres de Coutumes différentes, non sans en perdre le fil*, suivant ses propres expressions, il s'écriait : « On n'aurait jamais fait, si l'on voulait rapporter toutes les dispositions des Coutumes sur ce sujet » (liv. III, chap. VII, n° 3-17).

Nous n'avons pas la folle présomption de commencer ici une énumération au milieu de laquelle Lebrun s'arrêtait

(1) *Aumosnier* signifie *légataire*, et *parchonnier* a le sens d'*héritier*.

4

découragé; nous désirons seulement noter les points les plus essentiels, grâce auxquels nous pourrons reconnaître le droit commun des pays coutumiers, et pour cela, nous nous proposons de rechercher d'abord l'origine du rapport coutumier; d'examiner ensuite le rapport des donations entre-vifs et l'incompatibilité entre les qualités d'héritier et de légataire, car cette incompatibilité existait dans les pays coutumiers; d'étudier enfin certaines dispositions de détail.

SECTION I.

ORIGINE DU RAPPORT COUTUMIER.

Il a été puisé dans les principes du droit germanique, et non dans les règles du droit romain. « *Nullum apud Germanos testamentum,* » dit Tacite, et nous savons que chez les Francs le père ne pouvait disposer de ses biens au préjudice d'un ou de plusieurs de ses enfants de manière à rompre entre eux l'égalité. C'était la loi qui marquait l'ordre des successions, et elle accordait même au fils pendant la vie de son père, sur le patrimoine de la famille, un droit de propriété que le père ne pouvait lui enlever. Un tel ordre de choses devait tout naturellement donner naissance au rapport, car si la loi avait permis au père de faire pendant sa vie à un de ses enfants une donation irrévocable et dispensée du rapport, elle lui aurait elle-même fourni le moyen d'éluder le principe de l'égalité des partages entre les héritiers. Le rapport fut sans aucun doute le moyen employé pour arriver à l'égalité, aussi croyons-nous que l'origine du rapport coutumier est toute nationale, et que le seul effet qui puisse être attribué au droit romain est d'avoir adouci le principe trop rigoureux de l'égalité absolue. Telle était l'opinion de Pothier, puisqu'il nous dit que les Coutumes d'égalité parfaite sont celles qui lui paraissent avoir le mieux conservé l'esprit de l'ancien droit français sur ce point. Mais les mœurs s'étaient fort adoucies de son temps, car il reconnaît « que l'égalité entre les héritiers est un moyen de conserver la paix et la concorde dans les familles, et d'en exclure les jalousies auxquelles donneraient lieu les avantages que l'on ferait à l'un des héritiers par-dessus les autres. C'est pourquoi il était d'autant plus important de maintenir cette égalité à l'égard d'hommes guerriers et féroces, tels qu'étaient nos ancêtres, plus susceptibles que d'autres de jalousie et toujours prêts à en venir aux mains et aux meurtres pour les moindres sujets. »

SECTION II.

RAPPORT DES DONATIONS ENTRE-VIFS ET INCOMPATIBILITÉ ENTRE LES QUALITÉS D'HÉRITIER ET DE LÉGATAIRE.

I. — Rapport des donations entre-vifs.

Nous diviserons sur ce point les Coutumes en quatre classes, que nous examinerons sous quatre paragraphes différents.

§ 1. — Coutumes d'égalité parfaite.

D'après ces Coutumes, l'enfant donataire était obligé de rapporter la donation, même s'il renonçait à la succession. On ne pouvait avantager un enfant au préjudice des autres; un successible ne pouvait être donataire. La donation devait toujours être considérée comme faite en avancement d'hoirie; c'était donc une part de la succession, or, on ne peut prendre part à la succession que si l'on est héritier, d'où la conclusion que si le donataire renonçait, il perdait la qualité d'héritier, et par suite, tout droit à la donation.

L'on peut citer, parmi les *Coutumes d'égalité parfaite*, celles de Bourbourg (rubrique XII, art. 1, 2 et 3); — de Châlons (art. 100 et 101); — du Perche (art. 125); — de Dunois (art. 64); — du Maine (art. 333 pour les nobles, 278 et 346 pour les roturiers); — d'Anjou (art. 320 pour les nobles, 334 pour les roturiers); — de Touraine (art. 309); — de Lodunois (art. 12, chap. XXIX pour les roturiers). — Merlin signale celles de Bretagne (art. 596) et de Normandie (art. 434).

Dans les *Coutumes d'égalité parfaite*, le rapport était dû tant par les héritiers en ligne directe que par ceux en ligne collatérale (Cout. de Touraine, art. 302; — d'Anjou, art. 337; — du Maine, art. 349, etc.). Cependant ces Coutumes n'étaient pas toutes parfaitement d'accord entre elles. Ainsi, les Coutumes de Touraine, d'Anjou et du Maine, ne liaient que les personnes coutumières, c'est-à-dire les roturiers; et celles de Dunois et de Lodunois admettaient, au contraire, le rapport entre toutes personnes. De même, la Coutume de Reims soumettait au rapport les propres seulement, tandis que les autres y soumettaient toute espèce de biens.

§ 2. — *Coutumes de simple égalité ou Coutumes d'option.*

Cette classe est de beaucoup la plus nombreuse; en effet, outre les deux Coutumes de Paris et d'Orléans, elle comprenait celles de Calais (art. 95, 96); — de Gerberoy (art. 89); — Saint-Omer (art. 31); — Bergh-Saint-Winox (art. 1, rubrique xx); — Bruges (tit. VII, art. 1, 5, 6); — ville et châtellenie de Furnes (art. 1 et 2, tit. XVIII); — ville et châtellenie de Cassel (art. 293); — ville de Nieuport (art. 1, 5, 6, rubr. xxi); — ville d'Ostende (art. 1 et 5, rubr. xii); — ville et franchise d'Eecloo et de Lembeke (art. 1 et 4, rubr. xix); — Coutumes de la châtellenie de Bouchaute (art. 1, 2, 3, rubr. xxiii); — ville et châtellenie d'Assenède (art. 1 et 2, rubr. xx); — ville et bourgeoisie d'Ypres (art. 31, rubr. x); — ville et bourgeoisie de Rousselare (art. 10 et 11, tit. XIII); — ville et juridiction de Pope-ringhe (art. 38, 39, tit. X); — ville et châtellenie de Bailleul (rubr. viii, art. 12); — ville et échevinage de Gand (art. 1 et 2, rubr. xxvii); — ville et châtellenie de Courtray (art. 1, rubr. xvii); — ville et châtellenie d'Au-denarde (art. 1 et 5, rubr. xxiv); — deux villes et pays d'Alost (rubr. xx, art. 33); — ville de Termonde (art. 1, rubr. xvii); — ville de Waes (art. 1, rubr. vi); — de Bruxelles (art. 283); — de Lersines (art. 14 et 18, tit. IX); — Coutumes du Vermandois au bailliage de Laon (art. 52, 88, 91, 94); — Senlis (art. 161 et 213); — Clermont-en-Beauvoisis (art. 129, 144, 145, 146); — Valois (art. 82); — Tournay (ch. xxv, art. 4); cette dernière disait : « En succession de ligne directe descendante, collation de biens a lieu; » — Lagorgne (art. 123); — Coutumes générales du pays de Luxembourg (art. 4, tit. XI); — Thionville (art. 4, tit. XI); — Sedan (art. 183); — Bouillon (art. 2, ch. xii); — Clermont-en-Lorraine (ch. ix, art. 1 et 3); — Bar (art. 134, 165, 166); — Saint-Mihiel (art. 4, tit. IV); — Gorze (art. 12 et 13, tit. VIII); — Bassigny (art. 141, 142, 154); — ancienne Coutume de la prévosté et de la vi-comté de Paris (art. 124); — nouvelle Coutume (art. 278, 303, 304, 307); — Étampes (art. 112); — Dourdan (art. 92,

107, 108); — Montfort-l'Amaury (art. 96, 97); — Mantes (art. 161 et 162); — Troyes (art. 113, 142); — Vitry-le-Français (art. 73, 99, 100); — Meaux (art. 11, 12, 13); — Melun (art. 274); — Auxerre (art. 244); — Châteauneuf-en-Thimerais, dans la Beauce (art. 123, 127); — Chartres (art. 100); — Dreux (art. 91); — Orléans (art. 273, 286); — Montargis (art. 2, ch. xi, et art. 1 et 2, ch. xii); — Blois (art. 158, 167); — Eu (art. 116, 117, 118).

Étudions maintenant les règles de ces Coutumes :

L'enfant héritier et donataire devait rapporter à ses frères et sœurs la donation qu'il avait reçue du défunt, mais cette obligation n'atteignait pas l'héritier en ligne collatérale, qui pouvait être à la fois héritier et donataire (Cout. de Paris, art. 301). — L'enfant n'était tenu au rapport que s'il acceptait la succession de son ascendant donateur; il pouvait fort bien s'en tenir à son don en s'abstenant de l'hérédité, pourvu, toutefois, que la légitime fût réservée aux autres enfants (Cout. de Paris, art. 307).

Il y avait, on le sait, deux sortes de légitimes : la légitime de droit et la légitime coutumière. L'enfant donataire renonçant à la succession pouvait garder, par voie d'exception, la légitime de droit qui était accordée aux enfants, principalement *en leur qualité d'enfant;* toutefois, il n'aurait pas pu la réclamer par voie d'action ; quant à la réserve coutumière (les quatre quints des propres réels), l'enfant renonçant ne pouvait la réclamer ni par voie d'action, ni par voie d'exception, parce qu'elle est accordée à l'enfant *en sa qualité d'héritier*, et qu'il avait perdu ce titre en renonçant à la succession.

L'héritier qui accepte est tenu de rapporter la donation entre-vifs qu'il a reçue du défunt; mais, cette solution devrait-elle être appliquée même au cas où le donateur aurait expréssement déclaré que sa donation ne serait pas sujette à rapport? Répondons même ici affirmativement, car la clause même de dispense de rapport serait un véritable avantage sujet à rapport.

Mais, si le défunt ne pouvait pas avantager directement son héritier, il pouvait du moins le faire indirectement, pourvu que l'enfant donataire ne vînt pas à la succession *ab intestat*. « Il est permis, dit Lebrun, de léguer à l'un de ses enfants une double part en sa succession, pourvu que cette double part n'excédât pas la valeur des meubles et acquêts, et du quint des propres » (*Traité des successions*, liv. III, chap. VI, sect. I, § 15). Ceci n'est nullement inconciliable avec l'art. 303 de la Coutume de Paris, qui défend aux pères et mères d'avantager leurs enfants, venant à leur succession, l'un plus que l'autre, puisque cet article ne vise que les enfants qui acceptent la succession.

Il n'y aura pas à rechercher de quelle manière l'enfant a été avantagé, s'il l'a été par donation, par legs ou par une institution d'héritier pour une part double; il faudra seulement observer les réserves coutumières qui doivent profiter aux autres enfants.

Abordons maintenant une question sur laquelle les anciens jurisconsultes n'avaient pu se mettre d'accord. Une donation a été faite à un futur successible sous la clause d'avancement d'hoirie, et le donataire renonce ensuite à la succession, est-il soumis au rapport? Oui, répondait Dumoulin, car on est censé prendre à titre de successible ce qu'on acquiert par avancement d'hoirie. La donation est une partie de la succession; pour la prendre, il faut être héritier, donc le rapport est dû par le donataire renonçant. — Non, disait au contraire le Parlement de Paris, comme nous l'apprennent Lebrun et Ferrière, car l'art. 307 de la Coutume de Paris, en permettant à l'héritier donataire de garder son don en renonçant à la succession, ne distingue pas si l'on a ou non joint à la donation une clause d'avancement d'hoirie. Cette clause, d'ailleurs, n'est pas conforme aux principes du droit coutumier, car ce n'est pas le choix de la personne, mais la loi qui fait l'héritier.

Si cependant les parents étaient convenus, par leur contrat de mariage, que leurs enfants viendraient à leur succession par part égale, le Parlement se ralliait à l'opinion de Dumoulin; il le faisait aussi, si l'ascendant avait fait sa donation en avancement d'hoirie, moins par esprit de libéralité envers son donataire que par animosité envers ses autres enfants.

§ 3. — *Coutumes précipuaires.*

Ces Coutumes permettaient aux père et mère donateurs d'affranchir du rapport le donataire, même entre-vifs ; ils pouvaient avantager un de leurs enfants, soit en défendant d'exiger de lui le rapport de la donation, soit en qualifiant cette donation de préciput. — Indiquons-en quelques-unes : Les Coutumes générales des bailliages de Nancy, Vosges et Allemagne (art. 1, tit. III) permettaient de donner par préciput à un des enfants les meubles et acquêts ; — de même celle d'Épinal (tit. V, art. 1 et 4) ; — à Reims (art. 233), les pères ou mères donateurs ne pouvaient avantager un de leurs enfants que si la donation portait sur des meubles ou acquêts ; — Noyon (art. 16) ; — Saint-Quentin (art. 44) ; — Ribemont (art. 78) ; — Chauny (art. 21, pour les dons de meubles ou sommes d'argent par contrat de mariage) ; — ville et échevinage de Douai (ch. i, art. 6) ;

—Coutumes du bailliage et de la châtellenie de Lille (tit. II, art. 64); —de la ville et échevinage de Lille (ch. i, art. 18); — de la ville et échevinage d'Orchies (ch. i, art. 4); — Coutumes de Péronne, de Montdidier et Roye (art. 204). — Dans l'Artois, l'édit de 1774 permit aux père et mère de dispenser du rapport les enfants donataires. — L'art. 5, ch. vii, de la Coutume de Bourgogne s'exprimait ainsi : « Le testateur, par testament ni ordonnance de dernière volonté, ne peut faire l'un de ses vrais héritiers légitimes, et qui *ab intestat* lui doivent succéder, meilleur que l'autre. » Il l'aurait pu par donation entre-vifs. — Ajoutons les Coutumes de Berry (art. 19, tit. XLII); — Nivernais (art. 10 et 11, ch. xxvii); — Bourbonnais (art. 308, pour les donations par contrat de mariage seules permises); —Poitou (art. 216, pour les meubles et acquêts immeubles); —Angoumois (art. 49); —Saintonge (art. 87); —La Rochelle (art. 42, ch. xiv); — Marche (art. 295, qui ne permet d'avantager l'un des enfants plus que l'autre qu'en contrat de mariage). — Enfin, les Coutumes de Bouillon (art. 2, ch. xii), de Saint-Mihiel (art. 5, tit. IV), et de Gorze (art. 12, tit. VIII), ne permettaient d'avantager l'un des enfants que pour cause rémunératoire.

Dans ces Coutumes, l'enfant donataire pouvait se dispenser du rapport en renonçant à la succession ; ce qui les distinguait de la Coutume de Paris et de celles de la même catégorie, c'est que, dans ces dernières, le donateur était obligé de léguer sa part afférente à celui qu'on voulait dispenser du rapport, et il était nécessaire de ne pas excéder les bornes de ce dont on pouvait disposer par testament, tandis que dans les premières, le donataire pouvait être dispensé dans la donation même, et cumuler les qualités de donataire entre-vifs et d'héritier *ab intestat*.

Mais *quid,* pour les Coutumes qui étaient muettes sur la faculté de dispenser du rapport? Plusieurs Coutumes défendaient de faire *enfant chéri, enfant de prédilection,* donc la dispense de rapport insérée dans la donation était nulle; mais d'autres obligeaient l'enfant donataire au rapport, sans permettre ni prohiber expressément la dispense. Ricard, dans son *Traité des donations,* enseignait que de droit commun, en ligne directe descendante, on ne pouvait être à la fois héritier et donataire, et que le donataire ne pouvait être dispensé du rapport s'il venait à la succession *ab intestat;* mais plusieurs auteurs étaient d'un avis différent, se fondant sur ce que chacun, en droit naturel, est libre de disposer de ses biens; Ricard lui-même semble avoir dans la suite, abandonné sa première opinion.

§ 4. — *Coutumes qui prohibaient le rapport.*

Certaines Coutumes prohibaient absolument le rapport; c'étaient particulièrement celles du nord de la France, et entre autres, celles de Douai, d'Artois, de Hainaut, de Valenciennes : pour elles, toute donation était dispensée du rapport. Mais cette disposition était loin de paraître logique à tous les jurisconsultes. Aussi Dumoulin, en parlant de la Coutume de Chauny qui, quoique admettant le rapport, ne le faisait qu'avec certaines modifications, la qualifiait-il de *stulta et iniqua consuetudo.*

En parlant à l'instant de la Coutume de Chauny, nous avons fait pressentir que certaines Coutumes, tout en admettant le rapport en général, le rejetaient dans certains cas particuliers; nous pouvons les réduire à trois classes. Dans la première, nous ferons rentrer celles qui n'affranchissaient du rapport que les donations en faveur du mariage, telles que la Coutume de Chauny ; — dans la seconde, celles où toutes les donations étaient dispensées du rapport à l'exception des donations faites en faveur du mariage, comme les Coutumes de la châtellenie de Lille, tit. II, art. 64 et 66; et d'Orchies, chap. I, art. 4; — dans la troisième enfin, les Coutumes d'Amiens, art. 92 et 93, de Cambray, tit. XXII, et quelques autres, qui admettaient le rapport dans le cas où, parmi les enfants, les uns étaient mariés, tandis que d'autres ne l'étaient pas, et le rejetaient si tous étaient mariés.

Aucune de ces Coutumes qui prohibaient le rapport, n'allait jusqu'à l'interdire absolument, et il était toujours permis à l'homme de déroger à la loi qui le rejetait : cette dérogation pouvait même ne pas être expresse, pourvu qu'elle résultât clairement des circonstances.

II. — Incompatibilité entre les qualités d'héritier et de légataire.

Nous avons déjà eu l'occasion de parler d'une maxime qui se rencontre dès l'origine de notre plus ancien droit : « *Nul ne peut être aumosnier et parchonnier,* » c'est-à-dire les qualités de légataire et d'héritier sont incompatibles. Cette maxime avait passé dans le plus grand nombre de nos Coutumes, par exemple dans celles de Paris, art. 300, et d'Orléans, art. 288. Quelques-unes cependant, comme celles de Reims, art. 288 et 302, et de Tournay, art. 24, chap. XXIII, permettaient de réunir ces deux qualités sur la même tête.

D'autres Coutumes, comme celle de Vermandois, étaient complétement muettes sur ce point ; de là, controverse parmi les auteurs pour savoir si la règle de l'incompatibilité leur était ou non applicable. Lebrun nous apprend dans son *Traité des successions*, liv. III, chap. vii, § 3, qu'un arrêt rendu sur la Coutume de Vermandois décida que les qualités d'héritier et de légataire ne sont pas incompatibles en ligne collatérale, car l'égalité n'est pas assez naturelle dans cette ligne pour qu'on supplée au silence de la coutume par une restriction à la faculté de disposer, alors qu'on satisfait déjà assez à la loi par les réserves coutumières. Pothier suit, aussi lui, cette opinion ; pour lui, on ne peut pas restreindre la liberté naturelle que chacun a de disposer de ses biens à son gré, et on ne peut appliquer la disposition de la Coutume de Paris à des provinces qui n'y sont pas soumises.

Ceci nous porte à penser que la compatibilité entre les qualités d'héritier et de légataire était admise pour les Coutumes muettes, même en ligne directe. Les auteurs sont loin de s'exprimer clairement sur ce sujet, mais comme en cas de doute, ils s'en réfèrent habituellement au droit romain, et que ce droit admet la compatibilité entre ces deux qualités, nous pensons pouvoir l'appliquer au cas qui nous occupe.

L'incompatibilité des qualités d'héritier et de légataire faisait naître dans la pratique une foule de questions, à cause de la diversité des Coutumes et des différentes sortes de biens qu'un défunt pouvait avoir laissées. Le défunt, par exemple, laisse des biens dans différents pays soumis à des Coutumes différentes, comment sera réglé le partage de ses biens ? On décidait généralement que de telles questions devaient être résolues par le statut réel, comme toutes celles qui s'élèvent sur les successions. Il fallait donc suivre la coutume locale de chaque pays. Expliquons ceci par un exemple : Un habitant de Paris laisse en mourant des immeubles situés les uns à Paris, les autres à Reims; il lègue à un de ses héritiers quelques-uns de ses immeubles de Reims; le legs sera valable, puisque la Coutume de Reims rejetait le principe d'incompatibilité; — au contraire, un habitant de Reims, ayant des immeubles à Reims et à Paris, et léguant ces derniers à un de ses héritiers, ne ferait qu'une disposition inefficace, puisque la Coutume de Paris proclame l'incompatibilité.

Si nous modifions un peu notre hypothèse, nous nous trouverons en face d'un point vivement controversé par les anciens jurisconsultes; le légataire pourrait-il se porter héritier dans la Coutume de Reims et renoncer à la succession dans celle de Paris pour s'en tenir à son legs? Les uns le lui permettent, les autres voient dans le principe de l'indivisibilité de la qualité d'héritier un obstacle insurmontable. Ainsi Lebrun, dans son *Traité des successions*, liv. III, chap. VI, sect. II, s'appuie sur la loi 1, au Dig., *de acquirenda vel amittenda Hereditate*, ainsi conçue : « *Qui totam hereditatem acquirere potest, is pro parte eam scindendo adire non potest.* » Et il conclut que cette maxime qui s'oppose à la division de la qualité d'héritier l'emporte sur les Coutumes particulières, et qu'elle oblige l'héritier *aut totum admittere, aut a toto discedere*. Ricard, dans son *Traité des donations*, ne croit pas que la qualité d'héritier dépende de la situation des biens, et établit qu'elle ne peut venir que de la déclaration de notre volonté et de la loi.

Passons maintenant à une hypothèse assez voisine. Nous savons que la Coutume de Blois rejetait la représentation, et que les Coutumes de Paris et d'Orléans l'admettaient au contraire. Supposons donc qu'un homme, propriétaire de biens situés à Paris ou à Orléans, et d'autres à Blois, laisse

pour héritiers des frères et le fils d'un frère prédécédé;
supposons de plus qu'il ait légué, en outre, à son neveu
une partie de ses biens situés à Blois, et demandons-nous si
ce neveu pourra être à la fois héritier à Paris et légataire
des biens situés à Blois.

La jurisprudence s'est prononcée sur ce point dans un
arrêt du 21 juillet 1565, connu sous le nom d'*Arrêt des
bureaux;* il y fut décidé que le neveu pouvait être à la fois
héritier dans une coutume qui admettait la représentation
et légataire dans une autre qui la rejetait; on ne saurait, en
effet, trouver là aucune incompatibilité, puisque la loi du
rapport repose sur un statut réel et qu'on ne peut être héritier dans le ressort d'une coutume que lorsque telle est la
disposition de cette coutume, sans qu'il y ait à considérer si
l'on est ou non héritier dans une autre : une coutume ne
peut empiéter sur une autre. Pothier présente une argumentation analogue.

On a même admis la réunion sur une seule tête des qualités d'héritier et de légataire des biens situés sur le territoire d'une même coutume, pourvu que l'espèce de biens
légués ne fût point échue au légataire comme héritier;
Pothier exprime cette idée en ces termes : « Celui, dit-il,
qui est héritier aux seuls propres d'une ligne, *puta,* aux
propres paternels, peut être légataire des meubles et acquêts,
car n'étant pas héritier de ces biens, il est étranger par
rapport à ces biens, et par conséquent rien ne l'empêche
d'en être légataire. » Cette solution ne saurait être contestée,
car aucun des cohéritiers du légataire ne pourrait lui opposer son incompatibilité, ni ses cohéritiers aux propres, car
ils n'y auraient aucun intérêt, puisqu'il n'est pas légataire
à leurs dépens; ni les héritiers aux meubles et aux acquêts,
quoiqu'ils semblent avoir intérêt à demander l'annulation

du legs; car comme il pourrait fort bien arriver dans ce cas que l'héritier légataire renonçât à la succession, il n'en résulterait pour eux aucun profit; or, sans un intérêt en jeu, il ne peut pas y avoir d'action.

Cette opinion défendue par Pothier était aussi soutenue par Lemaître, Charondas, Renusson, Ferrière et de Laurière, mais de nombreux jurisconsultes s'en écartaient et n'admettaient pas qu'on pût être à la fois héritier d'une espèce de biens et légataire d'une autre, tels étaient, entre autres, Ricard, Bourjon et Lebrun. Cependant tous n'en donnaient pas le même motif : les uns s'appuyaient sur la lettre du texte de la coutume qui, en général, n'admettait pas ces distinctions; les autres fondaient l'incompatibilité dans notre hypothèse sur la capacité que pourrait avoir l'héritier à succéder aux biens dont il est légataire, s'il n'existait pas de parents pour les réclamer.

Après avoir parcouru ces diverses hypothèses, il nous reste à nous demander sur quelles bases reposait l'incompatibilité entre les qualités d'héritier et de légataire. Différentes solutions ont été proposées pour répondre à cette question.

Quelques auteurs, MM. Zachariæ, Aubry et Rau, ont voulu voir dans le *condominium* des Germains l'origine de la règle qu'aucun ne peut être à la fois *aumosnier* et *parchonnier;* le patrimoine de la famille est la copropriété de tous ses membres, donc le défunt porterait atteinte au droit de propriété de ses enfants, s'il voulait avantager l'un d'eux.

Aux yeux de Lebrun, la règle de l'incompatibilité fut introduite pour conserver dans chaque ligne les propres qui en provenaient, et il en donne pour motif que le rapport des dons entre-vifs n'étant pas exigé en ligne collatérale, il faut que, pour établir l'incompatibilité, la loi ait eu un autre but que celui de maintenir une égalité parfaite entre tous les cohéritiers; il en conclut que le but de la loi est d'affecter les propres à leur ligne, et il ajoute (*Traité des successions,* liv. III, ch. VII, n° 1) : « que c'est une loi importante dans une coutume, et que des prélegs qui se feraient bien plus communément que des donations entre-vifs ruineraient entièrement cette destination et cette affectation des propres à leur ligne; au défaut des raisons et des motifs du rapport, l'on a eu recours à l'incompatibilité des qualités d'héritier et de légataire. »

D'après Ferrière, l'incompatibilité tenait à une impossibilité de droit et de fait; il dit, en effet, sur l'art. 300 de la Coutume de Paris : « C'est le titre universel d'héritier qui empêche celui de légataire, puisque autrement le légataire serait créancier de lui-même, c'est-à-dire qu'il serait tout à la fois créancier et débiteur. »

Pothier réfute cette argumentation. Si le légataire est débiteur, dit-il, en ce qui concerne la portion qu'il tient comme héritier, il n'en est pas de même pour celle de son cohéritier : « *Legari a semetipso non potest, a coherede potest.* » Il en donné pour motif, dans son *Traité des successions,* chap. IV, art. 1er, § 1, l'égalité dont le but est de conserver la paix et la concorde dans les familles. Tel est aussi le motif qu'en donne Bourjon.

On fait cependant à ceci une objection; le parent collatéral, dit-on, peut être héritier et donataire (on ne parle pas de la ligne directe, car ces deux qualités y sont en général incompatibles); or, si le véritable motif de l'incompatibilité se trouvait dans le principe d'égalité, ce parent collatéral ne pourrait pas plus joindre à la qualité d'héritier celle de donataire que de légataire. Ce motif n'est donc pas le vrai. On y répond que le don entre-vifs est moins à craindre

qu'un legs, parce qu'on hésite toujours à se dépouiller soi-
même de son vivant, et qu'en conséquence il est facile de
comprendre que la loi ait permis de cumuler en ligne collatérale les deux qualités d'héritier et de donataire, et défendu
de réunir sur la même tête celles d'héritier et de légataire.
D'autant plus qu'à l'époque du partage, la donation étant
devenue un fait accompli, la déception des cohéritiers est
moins vive que s'il s'agissait d'un legs.

Quoi qu'il en soit du motif de cette incompatibilité, ce
n'était qu'une disposition de droit arbitraire, contraire à
l'équité et à la nature des choses; car le *de cujus* devait
alors abandonner presque toujours à la loi le partage de sa
fortune : il lui était également impossible de rémunérer un
enfant ou un parent qui s'était dévoué pour lui, et de punir
un fils rebelle ou ingrat.

SECTION III.

DISPOSITIONS PARTICULIÈRES.

Nous nous proposons maintenant d'examiner aussi rapi-
dement que possible quelques dispositions de détail; ne pouvant pour chaque point rechercher la solution donnée par
chaque Coutume, nous examinerons la question principalement au point de vue de la Coutume de Paris.

PREMIÈRE QUESTION. — *Qui doit le rapport?*

En ligne collatérale, quelques Coutumes, parmi lesquelles
je citerai celles de Bretagne, de Normandie, de Chauny, de
Blois, d'Anjou, du Maine, de Touraine, exigeaient le
rapport; mais le plus grand nombre des Coutumes le rejetait.

5

En ligne directe, la presque totalité des Coutumes admettait le rapport.

On n'exigeait pas des ascendants le rapport des donations entre-vifs; quelques Coutumes, cependant, en décidant que le rapport n'avait lieu qu'en ligne directe, semblaient assimiler les ascendants aux descendants, puisqu'ils sont les uns et les autres parents en ligne directe. Dumoulin est toutefois d'avis que, même dans ces circonstances, les ascendants sont dispensés du rapport, conformément au droit romain; il dit : « *Secundum jus commune intelligitur ad quod tacite refertur; ideo ascendentes non conferunt.* » Ricard et Lebrun se rattachent à cette opinion à l'égard de la Coutume de Paris qui ne décidait pas si l'on pouvait être héritier et légataire en ligne directe ascendante. Le système opposé était, au contraire, soutenu par Bourjon.

Notons que, malgré la dispense de rapport écrite dans les Coutumes, le donateur pouvait y soumettre par une clause expresse ses ascendants ou collatéraux. Les Coutumes de Melun, art. 275; — de Reims, art. 324; — de Sens, art. 264; — de Châlons, art. 107, le déclarent formellement.

Remarquons encore qu'en cas de succession testamentaire, le donataire peut conserver sa donation ou y joindre un legs, si le défunt l'a ainsi doublement gratifié, car le rapport n'est exigé que dans les successions *ab intestat.*

Il a toujours été unanimement admis que l'héritier bénéficiaire est soumis au rapport comme tout autre héritier; mais les controverses commençaient lorsqu'on supposait que l'héritier renonçait à la succession après l'avoir acceptée bénéficiairement. Lebrun a examiné la question dans son *Traité des successions,* liv. III, chap. IV; il argumente du texte suivant : « *Nihil ex sua substantia penitus remittant, ne dum lucrum facere sperant, in damnum incidant* » (L. *Scimus*, au Code, *de Jure deliberandi*), et il dispense l'héritier du rapport. Pothier, au contraire, invoque la maxime : *Semel heres, semper heres*, et exige le rapport.

DEUXIÈME QUESTION. — Quid, *du rapport pour autrui ?*

Il peut se faire qu'un héritier non donataire soit soumis au rapport sans avoir pourtant profité de la donation : ce résultat bizarre vient de ce que la loi présume qu'il y a eu donation indirecte par interposition de personnes.

1° Supposons un aïeul faisant une donation à son petit-fils et venant ensuite à mourir; son fils lui succède, devra-t-il effectuer le rapport de la donation faite à son enfant? Oui, répondent les Coutumes de Paris, art. 306, et d'Orléans, art. 308, car cette donation s'adressait en réalité au père de l'enfant, l'enfant n'était aux yeux de son aïeul qu'une personne interposée. — Lebrun ajoute, dans son *Traité des Successions*, liv. II, chap. III, sect. VII, n° 27, que le père qui aura rapporté sera considéré comme ayant fait une donation de rapport à son enfant, et que celui-ci sera tenu de rapporter à la succession de son père ce que ce dernier aura rapporté à la succession de l'aïeul. — Le père aurait même un recours contre son enfant, si en effectuant le rapport il ne trouvait plus sa légitime; il aurait même droit à sa légitime sans tenir compte du rapport, si son enfant se trouvait en état d'insolvabilité.

2° Un homme a fait à son enfant certaines donations, il meurt, et ce sont ses petits-enfants qui viennent à sa succession par représentation de leur père; ils devront rapporter toutes les libéralités faites à celui-ci par le défunt, même s'ils avaient renoncé à sa propre succession : c'est là une conséquence logique du principe de la représentation. Les petits-enfants ne pourront rien réclamer si les rapports qu'ils ont à faire absorbent toute leur légitime, puisque leur père ne l'aurait pas pu. Mais si nous modifions notre hypothèse, si nous supposons les petits-enfants venant de leur chef à la succession, quelle devra être notre solution ? Lebrun exige encore le rapport, car les enfants, dit-il, succèdent ici à leur aïeul par une image de la représentation, puis l'égalité entre les branches doit toujours être conservée. Pothier, au contraire, les dispense de rapporter ce qui a été donné à leur père, et son opinion nous semble préférable ; l'argumentation de Lebrun ne nous paraît pas solide, car il ne peut plus être question de représentation et d'égalité entre les branches, du moment que les enfants, venant de leur chef, succèdent par tête.

Ajoutons enfin que le petit-fils devait à la succession de son aïeul non-seulement le rapport de ce qui avait été donné à son père ou à sa mère, enfant du défunt, mais aussi de ce que le défunt avait donné à l'époux de son enfant, pourvu que le petit-fils eût profité de la donation.

3° Supposons que deux frères viennent représenter leur père dans la succession de leur aïeul; l'aïeul a fait une donation à l'un d'eux, et il se trouve que celui-là refuse sa succession et que l'autre accepte ; ce dernier sera tenu de rapporter la donation faite à son frère, pour conserver l'égalité entre les branches, le partage se faisant ici par souches.

De même une ou plusieurs filles ont, moyennant une dot modique, renoncé par contrat de mariage à la succession de leur père ou de leur mère, donateur de cette dot, au profit de leur frère aîné; ce frère qui succède à leur place doit rapporter ce dont elles auraient été tenues si elles fussent elles-mêmes venues à la succession; il doit même le rapport de leurs dettes.

Voilà donc deux hypothèses où un frère rapporte une donation faite à son frère.

4° Un époux doit quelquefois rapporter ce qui a été donné à son conjoint.

Un homme donne en propre au mari de sa fille un immeuble; il meurt quelque temps après, on se demande si sa fille sera obligée de rapporter cette donation? Il faut distinguer si elle a ou non des enfants de son mariage, et si la communauté avec son mari dure encore. D'après Lebrun, il faudrait rapporter s'il y avait des enfants, car la libéralité deviendrait alors une donation indirecte au profit de la femme, puisque ses enfants seront appelés à en profiter et que ce qui est donné aux enfants est réputé l'être aux parents. Pothier, au contraire, recherchait si les enfants avaient accepté ou refusé la succession de leur père; s'ils l'avaient acceptée, leur mère devait le rapport, mais il l'en dispensait si le père étant mort insolvable, la femme avait renoncé à la communauté, et les enfants à la succession. Ceci est préférable à l'opinion de Lebrun, qui faisait un abus de fiction en supposant au moins deux interpositions de personnes. La fille ne devait qu'un rapport provisionnel, au cas où elle vivait encore en communauté avec son mari à la mort de son père; si plus tard elle renonçait à la communauté et si ses enfants renonçaient à la succession de leur père, elle pouvait répéter son rapport.

Supposons maintenant qu'il n'y ait point d'enfants issus du mariage, et que la donation soit tombée dans la communauté, Lebrun demandait le rapport de toute la donation à la femme, si elle avait accepté la communauté, et il l'en exemptait au cas contraire. Pothier, partant de ce principe

que la femme ne peut jamais profiter de plus de moitié de
la donation, n'exigeait le rapport que de moitié en cas
d'acceptation. Cette solution est évidemment la meilleure.
Lebrun objectait que le gendre n'était ici qu'une simple
personne interposée, et que cette donation était présumée
faite toute entière à la fille, mais cette raison, si elle était
bonne, prouverait plus qu'on ne veut prouver, car la donation doit être également présumée faite à la fille qu'elle
accepte ou qu'elle répudie la communauté, et pourtant Lebrun
ne demande pas le rapport à la fille renonçante. — On faisait
encore une objection en prenant pour exemple l'hypothèse
d'une donation mobilière. En cas de donation de meubles,
disait-on, si ces meubles eussent été donnés à la femme, au
lieu de l'être au mari, elle en eût dû le rapport en entier,
quoiqu'elle n'en eût pas profité davantage, car ils tombent
en communauté dans les deux cas. On y répondait que le
raisonnement était exact, mais que si la femme était donataire, il faudrait considérer qu'elle s'est elle-même soumise
au rapport en acceptant la donation, tandis qu'on ne peut
lui faire rapporter en totalité une donation qu'elle n'a nullement acceptée.

Bien d'autres espèces étaient encore proposées dans l'ancien droit. Nous ne pouvons entreprendre d'énumérer toutes
les hypothèses qui furent faites ici; bornons-nous à dire que
la base de toutes les distinctions que l'on faisait venait du
point de savoir quand l'héritier tirait profit de la donation faite
à son époux et quel était le *quantum* de ce profit. Le rapport
n'avait lieu que s'il y avait profit, et il était mesuré sur ce profit.

TROISIÈME QUESTION. — *A quelle succession se fait le
rapport?*

Il se fait à la succession du donateur. Ce point ne présente aucune difficulté; arrêtons-nous cependant quelques instants sur le rapport de la dot, et pour cela prenons deux hypothèses.

Première hypothèse. — Le père dote son enfant avec les effets de la communauté, l'enfant devra rapporter la moitié de sa dot à la succession de son père et l'autre moitié à celle de sa mère, si celle-ci a accepté la communauté; au cas contraire, il rapportera la totalité à la succession de son père, car la mère est alors réputée n'avoir rien donné.

Deuxième hypothèse. — Le père et la mère ont doté l'enfant conjointement avec des biens de la communauté. Dans ce cas, que la femme accepte ou répudie la communauté, l'enfant rapportera pour moitié à la succession de chacun d'eux; ce sera pourtant le mari qui aura fourni la totalité de la dot, si la femme renonce à la communauté, mais le seul résultat de cette observation sera d'amener une question d'indemnité à régler entre les époux.

De même, si les époux ont constitué conjointement en dot à l'enfant l'immeuble propre à l'un d'eux, l'enfant fera le rapport pour moitié à chacune des deux successions.

Sur un point voisin, nous trouvons encore Pothier et Lebrun en désaccord. L'époux sur les biens duquel la dot a été prise meurt sans avoir été indemnisé par son conjoint : l'enfant donataire devra-t-il rapporter la dot entière à sa succession, ou seulement la moitié, le reste étant à la charge de toute l'hérédité? Pothier n'exige le rapport que de la moitié de la dot, car l'enfant doté ne doit pas être seul victime de l'insolvabilité d'un de ses parents. Lebrun croyait, au contraire, que toute la dot était rapportable.

QUATRIÈME QUESTION. — *A qui se fait le rapport?*

L'enfant donataire ne doit le rapport qu'à ses cohéritiers.

Le rapport n'est pas dû aux créanciers de la succession, et ceux-ci ne peuvent pas contraindre l'héritier bénéficiaire à rapporter ce qu'il a reçu du défunt. Le légataire ne peut non plus rien prétendre aux biens donnés; s'il est légataire pour un quart, par exemple, on ne lui donnera que le quart des biens qui formaient la succession du testateur au jour de son décès, sans tenir compte des libéralités faites par lui.

Cependant, d'après Pothier et Lebrun, si l'on suppose qu'un mari a fait un legs à son épouse en secondes noces, celle-ci pourra exiger que l'enfant du premier lit, qui vient partager avec elle la succession du *de cujus,* précompte sur sa part ce qui lui a été donné; sans cela, en effet, le mari pourrait, par des libéralités exagérées faites à son enfant, rendre sans effet le legs fait à sa seconde femme.

Les héritiers pouvaient, dit Pothier, exiger le rapport même de l'enfant renonçant dans les Coutumes d'égalité parfaite. Lebrun, au contraire, n'était pas de cet avis.

Enfin c'était une question mal décidée, dans les Coutumes d'égalité parfaite, de savoir si les enfants renonçants eux-mêmes avaient droit au rapport; Rouelle y répondait négativement dans son *Commentaire sur la Coutume du Maine.*

Cinquième question. — *Quels avantages sont soumis au rapport?*

Y sont soumis tous les avantages soit directs, soit indirects. Arrêtons-nous quelques instants sur ces derniers.

Un père décharge son fils d'un compte de gestion, alors que ce fils avait entre les mains des sommes dont il était reliquataire : il y a un avantage indirect dont le fils devra le rapport. Il en serait de même si le père se reconnaissait débiteur, dans un compte de tutelle, d'une somme plus forte que celle qu'il devait en réalité. De même encore, si un père achète un immeuble sous le nom de son fils, celui-ci doit en rapporter la valeur; même solution, si le père vend à son fils un immeuble pour un prix dérisoire, le fils sera tenu d'effectuer le rapport de cet immeuble.

Mais tout acte du père, avantageux pour l'enfant, devra-t-il être regardé comme un avantage indirect? De nombreuses discussions se sont élevées à ce sujet dans notre ancienne jurisprudence; pour bien traiter ce point, il faut l'examiner avec ordre et tout d'abord poser nettement la question :

Un père légataire, avec plusieurs de ses fils qui lui sont substitués vulgairement, renonce à son legs en leur faveur;

Un père, au lieu de demander le partage de la communauté après la mort de sa seconde femme, la continue pour donner une plus large part à ses enfants du second lit aux gains que lui procurent des opérations commerciales avantageuses;

Un père commue un fief en roture en faveur de ses puînés;

Un père commue en fiefs, en faveur de ses aînés, des biens qu'il tenait en censive;

Une mère renonce à la succession de son frère, composée de fiefs, pour en faire profiter ses enfants mâles;

Une mère renonce, en faveur des enfants de son premier lit, à la communauté de son premier mari;

Les enfants ainsi avantagés seront-ils, oui ou non, soumis au rapport?

Dans cette importante question, Pothier lui-même s'est égaré au point d'enseigner deux doctrines diamétralement opposées. En effet, il nous dit dans son *Commentaire de la Coutume d'Orléans* que le rapport n'est point dû, car les enfants ne doivent *rapporter* que ce qui est sorti, à cause d'eux, du patrimoine de leurs parents ; or ici, les biens dont les enfants ont profité n'ont jamais appartenu à leurs parents ; la renonciation de ceux-ci a éteint leur droit ; ils n'ont pas fait passer à leurs enfants le droit qu'ils avaient, et c'est par un droit à eux propre que les enfants se sont emparés de ces biens.

Dans son *Traité des successions,* Pothier suppose une femme renonçant, au profit de ses enfants du premier lit, à la communauté de son premier mari, et il soumet ces enfants au rapport : « La femme qui renonce à la communauté, dit-il, ressemble en quelque sorte à un associé en commandite qui abandonne sa part dans la société pour être quitte des dettes. Certainement si un père, associé en commandite avec son fils, lui abandonnait sa part dans une société manifestement opulente, on ne pourrait pas disconvenir que ce ne fût un avantage sujet à rapport. »

Mais il n'y a pas de motif pour ne pas appliquer la même solution à toutes nos autres hypothèses : Pothier s'est donc manifestement contredit !

Lebrun semblait se rattacher au système du *Traité des successions* de Pothier, et par conséquent, exiger le rapport.

Nous aurions cependant de la peine à nous rallier à cette opinion, sauf si la renonciation des père et mère avait eu pour unique but d'avantager certains enfants au détriment des autres. Il y avait là une question de fait, mais la présomption devait être que le père ou la mère avait agi dans son propre intérêt, et n'avait eu en vue que d'éviter les embarras de la liquidation d'une communauté mauvaise ou le payement de dettes trop lourdes ; s'il s'était trompé dans ses prévisions, l'enfant en profitait, mais sans être soumis au rapport, puisque son auteur n'avait pas entendu l'avantager.

Notons en terminant que les donations mobilières, même manuelles, sont soumises au rapport au même titre que les donations immobilières.

SIXIÈME QUESTION. — *Quels sont les avantages dispensés du rapport?*

Il faut, pour qu'il y ait lieu à rapport, que le père ait eu l'intention expresse ou tacite d'avantager son enfant : ainsi le fils ne rapportera pas les profits qu'il a pu retirer d'un acte de commerce ou d'un contrat à titre onéreux passé avec son père, si l'intention de celui-ci n'était pas de l'avantager. De même, le fils ne devait pas le rapport de ce qu'il avait fallu payer pour obtenir la démission du titulaire d'un office dépendant absolument de la faveur du prince; de même encore il ne rapportait pas le prix d'un office de ce genre dont son père s'était démis à son profit, car ces offices n'étant pas dans le commerce, le père n'avait rien fait passer dans les biens de son fils en lui en obtenant un. Mais les charges d'une autre nature étaient rapportables en moins prenant, telles que celles de magistrature ou de finance.

Les aliments, les frais d'éducation, d'étude, d'apprentissage, de métier, aux termes de l'art. 309 de la Coutume de Paris, n'étaient pas sujets à rapport. On n'exigeait pas le rapport des frais de licence; quant à ceux du doctorat, les auteurs n'étaient pas d'accord. Quelques jurisconsultes et quelques Coutumes les disaient rapportables : l'art. 322 de la Coutume de Reims disait même formellement que les deniers déboursés par père, mère, aïeul ou aïeule... pour acquérir degré jusqu'à la licence inclusivement, n'étaient pas sujets à rapport. — D'autres, parmi lesquels je citerai

Lebrun, Pothier, Bourjon, dispensaient du rapport les frais
faits pour le doctorat en théologie et en droit, et décidaient
le contraire pour le doctorat en médecine. — Certains ne
soumettaient même au rapport que les frais de doctorat à la
Faculté de médecine de Paris, où ils étaient, paraît-il,
beaucoup plus élevés qu'ailleurs. — D'autres enfin, tels que
Basnage, Buridan, Ricard, exemptaient du rapport tous les
frais de doctorat.

On exemptait aussi du rapport les livres s'ils ne formaient
pas un corps de bibliothèque. — Les frais de noces en étaient
également dispensés par ce motif qu'ils ne profitaient pas
au successible; cependant Pothier, Guy-Coquille et la majorité des jurisconsultes demandaient le rapport du trousseau.
Enfin d'Argentré, sur l'art 526 de la Coutume de Bretagne,
distingue les habits ordinaires des habits de parade, et ne
soumet au rapport que les derniers.

Les revenus, fruits ou intérêts des choses données par un
père à son fils étaient dispensés du rapport; quand le père
venait à mourir, les fruits devaient être rapportés, aux
termes de la Coutume d'Orléans, à partir du jour de la pro-
vocation au partage; d'après la Coutume de Paris et la
généralité des Coutumes, depuis le décès du père.

SEPTIÈME QUESTION. — Quid, *du rapport des dettes?*

Toutes les dettes étaient sujettes à rapport; le motif nous
en est donné en ces termes par Pothier : « On a jugé que
ce serait un avantage indirect, si un père faisait par ce
moyen passer son argent comptant à l'un de ses fils, pendant
que les autres n'auraient à la place qu'une simple créance. »
Et Bourjon répète la même idée en disant : « Le rapport
embrasse ce que le père a prêté au fils, l'égalité parfaite
qu'il faut conserver dans les branches nécessite ce rapport,

outre que le prêt, lorsqu'il est fait par un ascendant, est plus avancement d'hoirie que vrai prêt. »

Ce principe du rapport des dettes amène les cinq conséquences suivantes :

Première conséquence. — L'héritier renonçant doit être assimilé à un simple débiteur et dispensé du rapport des dettes.

Deuxième conséquence. — La dette rapportable devient de suite exigible à l'ouverture de la succession et l'héritier débiteur perd le bénéfice du terme (Lebrun, liv. III, chap. VI, sect. II, § 3. — Bourjon, chap. VI, n° 47).

Troisième conséquence. — L'héritier collatéral était tenu, d'après la Coutume de Paris, d'imputer sur sa part héréditaire ce qu'il devait à la succession, quoique cette Coutume n'exigeât pas le rapport en ligne collatérale.

Quatrième conséquence. — Un père prête à un de ses enfants une certaine somme, et cet enfant tombe en faillite : ses créanciers lui font remise par un concordat du quart de leurs créances ; le père est forcément lié par la décision de la majorité qui lui impose cette remise du quart ; on se demande si le fils rapportera à la succession de son père toute sa dette ou seulement les trois quarts. Il rapportera, répond-on, toute sa dette, car cette somme lui avait été prêtée, et toute somme prêtée est rapportable.

Cinquième conséquence. — Un héritier tenu au rapport d'une dette peut-il affecter à l'exécution du rapport sa part héréditaire ; ses cohéritiers peuvent-ils prélever le montant de la dette avant des créanciers qui, lui ayant prêté antérieurement au défunt, auraient hypothèque sur tous ses biens ? Non, disaient certains auteurs, car les créanciers doivent venir, déduction faite de la part du cohéritier débiteur par la confusion, avant les cohéritiers à cause de la priorité de leur titre; il n'y a lieu en effet, continuait-on, ni à compensation ni à rapport, attendu qu'aucune Coutume ne s'explique sur le rapport des dettes. On en concluait que les cohéritiers étaient de simples créanciers ordinaires, prenant rang à la place que leur assignait leur titre. — La plupart des auteurs étaient d'un avis différent; Lebrun se ralliait à cette seconde opinion, et il motivait ainsi sa décision : « Il serait injuste, disait-il, qu'en donnant à ce cohéritier (débiteur) sa part afférente, on ne lui fît pas déduction de ce qu'il doit à la succession, et qu'on donnât à des créanciers qui ne sont pas de la succession du défunt une hypothèque au préjudice du défunt lui-même ou de ses héritiers. » On invoquait surtout le principe de la garantie que les cohéritiers se devaient entre eux; la part du cohéritier débiteur devenait responsable de son insolvabilité : un privilége était joint à cette action en garantie, et donnait aux héritiers droit de préférence sur les créanciers antérieurs de leur cohéritier débiteur, et pour éviter un circuit d'actions, l'imputation de la dette se faisait sur la part de l'héritier débiteur. Cette imputation avait encore une autre base, l'égalité, car le rapport de la dette serait fort inutile, si le débiteur étant insolvable, ses cohéritiers devaient tout perdre; c'est justement, croyons-nous, en prévision de cette hypothèse que la dette a été déclarée rapportable. On était donc amené à donner aux cohéritiers le moyen d'atteindre le but du rapport, c'est-à-dire de les rendre indemnes de l'insolvabilité de leur cohéritier, au moins jusqu'à concurrence de sa part héréditaire. Alors, les créanciers du cohéritier débiteur n'étant que ses ayants cause et ne pouvant avoir plus de droits que lui, on établit pour eux le droit de préférence.

HUITIÈME QUESTION. — *Comment s'effectue le rapport?*

Il s'effectuait *en nature* ou *en moins prenant,* selon qu'il s'agissait du rapport d'héritages, d'effets mobiliers, de rentes ou d'offices.

1° Le rapport des héritages se faisait en nature : « Si le donataire, lors du partage, a les héritages à lui donnés en sa possession, il est tenu de les rapporter en essence et espèce, ou moins prendre en autres héritages de la succession de pareille valeur et bonté; et faisant ledit rapport en espèce, doit être remboursé par ses cohéritiers des impenses utiles et nécessaires qu'il aura faites pour l'augmentation desdits héritages. Et si lesdits cohéritiers ne veulent rembourser, est tenu de rapporter seulement l'estimation desdits héritages, eu égard au temps que division et partage est fait entre eux, déduction faite desdites impenses » (Cout. de Paris, art. 303, et Cout. d'Orléans, art. 306).

Examinons maintenant certaines conséquences que nous fournit ce texte.

Le donateur ne peut pas dispenser son donataire du rapport en nature, en l'autorisant à ne rapporter que le prix; car l'enfant s'est tacitement obligé, au moment de la donation, à rendre l'héritage en essence et espèce, pour maintenir l'égalité entre les héritiers.

Si l'héritage périt par cas fortuit, il périt pour la masse, il est aux risques de la succession; il ne peut, en effet, être question de rapport, puisque l'obligation du rapport n'est pas née; c'est également la succession qui souffre des détériorations survenues sans la faute du donataire, mais aussi c'est elle qui profite des améliorations.

Si nous éloignons maintenant l'idée du cas fortuit, et si nous supposons que l'immeuble a été détérioré par le fait du donataire, il devra payer le dommage, et s'il a amélioré le fonds, il aura droit à une indemnité qui sera de la valeur totale des déboursés du donataire pour une impense nécessaire, et de la plus-value seulement pour une impense utile; pour une impense voluptuaire, aucune indemnité ne serait due. La loi a ici dérogé à la règle du rapport en nature, pour assurer le payement de cette dette de la succession; elle permet à l'héritier non payé de ses impenses de retenir l'immeuble, d'en déduire ses impenses et de n'en rapporter que la valeur en moins prenant.

A ce premier cas, où le rapport d'un héritage peut s'effectuer en moins prenant, joignons-en trois autres : si la succession contient d'autres héritages de pareille valeur et bonté, si le donataire a aliéné l'immeuble sans fraude, ou si l'immeuble a péri par la faute ou le fait du donataire. On doit alors rapporter la valeur de l'immeuble au moment du partage; notons cependant qu'au cas d'aliénation forcée, le rapport ne comprend que la somme reçue en échange de l'immeuble.

2° Le rapport des rentes foncières et constituées suit les mêmes règles que le rapport des héritages; elles sont rapportables en nature; elles sont aux risques de la succession si un cas fortuit les réduit ou les anéantit.

3° Quoique les offices fussent immeubles, ils se rapportaient en moins prenant; la valeur de l'office au moment de la donation déterminait le *quantum* du rapport.

4° Le rapport des meubles se faisait en moins prenant; le donataire en avait les risques, et il les rapportait sur le pied de leur valeur au moment de la donation. Duplessis, cependant, exigeait le rapport en nature pour les meubles qui ne périssent pas par l'usage; si le donataire n'avait plus ces meubles, ce jurisconsulte demandait le rapport de leur valeur au jour du partage. Lebrun et Ferrière voulaient tenir compte au donataire du dépérissement des meubles, mais Pothier était d'une opinion contraire.

NEUVIÈME QUESTION. — *Quels sont les effets du rapport?*

S'il s'agit de droit de propriété, c'est-à-dire si les tiers ont un droit de propriété, car nous examinons ici les effets du rapport à l'égard des tiers, les héritiers respecteront ce droit, car on n'a pas voulu qu'en exigeant de leur cohéritier le rapport en nature, ils pussent le soumettre à des recours en garantie de la part des tiers acquéreurs.

S'il s'agit seulement de charges réelles consenties à des tiers, on appliquait les principes dans toute leur rigueur, et le rapport anéantissait toutes les charges, hypothèques ou servitudes établies par le donataire.

Les créanciers n'étaient pas cependant complétement sans ressource, car ils pouvaient intervenir au partage pour surveiller leurs intérêts, et en outre les immeubles qui tombaient dans le lot de leur débiteur se trouvaient de plein droit grevés de leurs hypothèques.

CHAPITRE II.

Droit intermédiaire.

Les principes d'égalité qui furent proclamés par la Révolution de 1789 ont eu de graves conséquences dans la matière qui nous occupe.

Dès 1791, Mirabeau, et Robespierre après lui, avaient soutenu cette idée que les enfants doivent tous succéder également à leur père, sans que celui-ci pût, par certains dons ou legs, privilégier les uns aux dépens des autres. « Vous avez déjà fait une loi pour les successions, disait Robespierre dans la séance du 5 avril 1791, laisserez-vous au caprice d'un individu à déranger cet ordre établi par la sagesse de la loi? Voyez ce qui se passe dans les pays de droit écrit. La loi de l'égalité des successions y règne, mais une autre loi permet à l'homme d'éluder par un testament la disposition de la loi, et la loi est nulle et sans effet. — Et quel est le motif de cette faculté? L'homme peut-il disposer de cette terre qu'il a cultivée alors qu'il est lui-même réduit en poussière? Non, la propriété de l'homme après sa mort doit retourner au domaine public de la société; ce n'est que pour l'intérêt public qu'elle transmet ces biens à la postérité du premier propriétaire. Or l'intérêt public est celui de l'égalité, il faut donc que dans tous les cas l'égalité soit établie pour les successions. » Nous ne nous arrêterons pas à réfuter ces funestes doctrines, et nous arrivons aux documents législatifs.

L'abolition des droits de masculinité et de primogéniture,

consacrée par les lois des 15-28 mars 1790 et des 8-15 avril
1791, avait établi l'égalité entre les héritiers; mais l'esprit
révolutionnaire ne se contenta pas de ces premières con-
quêtes; la Convention voulut aller jusqu'à enlever au père
le pouvoir de donner ou de léguer à l'un de ses enfants avec
dispense de rapport au détriment des autres, et une loi du
5 brumaire an II établit la nécessité du rapport pour toutes
les donations et pour tous les legs. Le 17 nivôse an II, une
nouvelle loi supprima presque complétement le droit de
disposer à titre gratuit et établit entre les héritiers *ab
intestat* l'égalité la plus absolue. C'était l'application des
principes sanctionnés par les Coutumes d'égalité parfaite.
Cette loi interdit au *de cujus* d'avantager un de ses héritiers direct ou collatéral, et ne lui permet de disposer que
d'un dixième ou d'un sixième de ses biens, suivant qu'il
laisse des héritiers directs ou collatéraux, et cela au profit
d'étrangers seulement. L'héritier, même renonçant, était
tenu au rapport.

Ne peut-on pas dire que cette loi portait une grave
atteinte à l'autorité du père de famille, en lui ôtant les
moyens de punir un enfant qui avait méconnu ses devoirs
et d'en récompenser un autre qui avait rempli les siens?
S'il était nécessaire d'assurer au fils, même coupable, les
moyens d'existence que lui devait l'auteur de ses jours, s'il
était bon de prévenir, par quelques mesures de précaution,
des abus de pouvoir possibles, ne fallait-il pas éviter de dépouiller de sa principale sanction l'autorité paternelle, si
indéniable en principe, si importante en fait, pour le main-
tien de l'ordre social?

La loi de nivôse ne s'en était pourtant pas encore tenue
là; elle décida que les successions ouvertes depuis le
14 juillet 1789 seraient partagées également entre les

enfants, descendants ou héritiers collatéraux, nonobstant toutes lois, coutumes, donations, testaments et partages déjà faits. L'application rétroactive d'une loi si peu conforme aux principes rationnels du droit, amena des récriminations telles que la loi du 18 pluviôse an V déclara que les anciennes lois régleraient désormais les avantages, prélèvements, préciputs, donations entre-vifs, institutions contractuelles et autres dispositions irrévocables de leur nature légitimement stipulés avant la loi de nivôse. C'était l'abolition de l'effet rétroactif de cette dernière loi.

Telle fut la législation sur les rapports jusqu'à la loi du 4 germinal an VIII ; cette loi augmenta la quotité disponible ; elle la porta au quart de la fortune du défunt, s'il avait moins de quatre enfants, et à une part d'enfant, s'il en avait quatre ou plus. Elle permit, en outre, de disposer de cette quotité disponible avec dispense de rapport et même au profit d'un successible. L'on consacrait ainsi le système des Coutumes préciputaires, et on déclarait compatibles les deux qualités de légataire et d'héritier.

L'art. 5 de notre loi était ainsi conçu : « Les libéralités autorisées par la présente loi pourront être faites au profit des enfants ou autres successibles du disposant, sans qu'elles soient sujettes à rapport. » Quelques auteurs ont voulu voir dans ces derniers mots une présomption de dispense de rapport en faveur de l'héritier avantagé, et n'exigeaient de lui le rapport que si le *de cujus* l'avait dit expressément. La Cour de Riom a même consacré cette opinion dans un arrêt du 21 juin 1809. Nous préférons cependant ne voir dans cet art. 5 qu'une dérogation à l'art. 16 de la loi de nivôse, qui soumettait au rapport toutes les donations. La chambre des requêtes de la Cour de cassation a sanctionné cette opinion dans un arrêt du 18 février 1849.

On a encore prétendu que les dispositions des anciennes
Coutumes, concernant les dispenses de rapport, étaient
remises en vigueur par l'abrogation de l'art. 16 de la loi
de nivôse; cette interprétation nous semble tout à fait
exagérée; pour nous, cette loi contenait une question de
volonté. Il suffisait que le disposant eût exprimé clairement
qu'il dispensait du rapport pour que cette dispense eût
lieu ; sinon, ou lui supposait l'intention contraire.

DROIT ACTUEL.

Le Code civil traite des rapports dans la section II du chapitre VI du titre Ier du livre III, art. 843 à 869; les règles contenues dans ces articles sont, en thèse générale, celles que nous avons trouvées dans le dernier état de la législation romaine et dans le droit coutumier.

Toute donation entre-vifs est rapportable et tous les héritiers sont soumis au rapport (art. 843) (1). Le donateur peut du reste dispenser le donataire du rapport, mais seulement jusqu'à concurrence de la quotité disponible (art. 919 et 920).

Pour les legs, le législateur de 1804 a supprimé l'ancienne règle coutumière de l'incompatibilité entre les qualités d'héritier et de légataire; il permet de faire un legs à un héritier, puis ensuite, comme s'il redoutait les conséquences de l'abrogation qu'il vient de prononcer, il rend ce legs à peu près sans effet, si le testateur n'a pas eu soin de

---

(1) La règle d'après laquelle tous les héritiers sont soumis au rapport est une innovation, car le droit romain et la plupart de nos Coutumes ne contenaient rien de semblable.

dispenser expressément son légataire du rapport ; cette anomalie ne peut être expliquée que par un souvenir malheureux
de l'ancien droit. Quel profit l'héritier légataire tirera-t-il de
son legs, s'il n'est pas fait avec une dispense de rapport? Un
donataire aura joui de sa donation jusqu'à la mort du donateur, il en aura perçu les fruits ou les intérêts pendant
un certain nombre d'années; mais un légataire ne peut pas
avoir tous ces avantages; il pourra peut-être, dans certains
cas et d'après quelques auteurs, imputer son legs sur sa part
héréditaire, mais c'est là un intérêt qui sera fort rare et
qui est insuffisant pour justifier la loi.

Le rapport des dettes établi par les Coutumes a été conservé par le Code (art. 829). Les règles concernant le
rapport des donations et des legs sont en général applicables
au rapport des dettes.

C'est l'égalité dans le partage des successions qui sert,
comme autrefois, de base au rapport; c'est le principe
d'égalité qui a fait imposer au *dè cujus* l'obligation d'une
dispense expresse de rapport.

Plusieurs jurisconsultes cependant refusent de se rallier
à cette opinion; la loi, disent-ils, présume que le défunt
désire que l'égalité règne entre ses héritiers, et alors tous
les héritiers seront également apportionnés si le *de cujus*
ne s'y est pas opposé en termes formels. De sérieuses objections peuvent être faites contre ce système.

La loi, dit-on, présume chez le donateur, l'intention que
sa libéralité soit rapportée à sa mort pour rétablir l'égalité;
sans cela, croit-elle, le donateur aurait dispensé du rapport
son donataire. Nous admettons ce raisonnement quand il
s'agit de donataires qui sont en même temps héritiers présomptifs, mais toute l'argumentation croule si nous supposons que le donataire soit le neveu du *de cujus* et que ce

dernier ait des enfants; on ne pourra pas raisonnablement présumer que le donateur prévoit en esprit la mort de ses enfants, et que son but, en ne dispensant pas la donation du rapport, est de maintenir l'égalité entre ses neveux.

D'un autre côté, dira-t-on que l'intention du testateur, en ne dispensant pas son légataire du rapport est de maintenir l'égalité entre ses héritiers? Évidemment non, car il eût alors été bien plus simple de ne pas faire de legs.

A nos yeux, c'est par le principe d'égalité que s'explique la nécessité de la dispense de rapport : la loi n'aime pas qu'on déroge au principe d'égalité qu'elle a proclamé, aussi ne reconnaît-elle la validité de cette dérogation qu'en face d'une volonté clairement exprimée, et ceci a pour résultat d'obliger le *de cujus* à bien réfléchir sur les conséquences de l'acte qu'il fait. Ainsi donc, sans rejeter complétement l'opinion pour laquelle le motif de la nécessité de la dispense de rapport est dans la volonté présumée du défunt, nous croyons qu'elle doit être complétée, pour les hypothèses auxquelles elle ne peut pas s'appliquer, par cette idée que la loi ne sacrifie son principe d'égalité entre les héritiers que si elle rencontre une volonté contraire formellement exprimée.

Le Code a réglé dans un autre titre une théorie qu'un examen trop rapide pourrait laisser confondre avec le rapport; je veux parler de la théorie de la réduction. La réduction, en effet, de même que le rapport, fait rentrer dans la succession des biens qui en étaient sortis à titre gratuit; mais cependant ces deux théories diffèrent entre elles, tant par le but qu'elles se proposent que par les règles qui les régissent. La réduction a pour but d'assurer une réserve à certains héritiers du testateur, tandis que le rapport s'occupe de la quotité disponible et cherche à rétablir l'égalité entre les cohéritiers quels qu'ils soient. La réserve, c'est une partie de la succession dont le testateur ne peut disposer à titre gratuit, et elle est soumise à des règles plus sévères que la quotité disponible, laquelle est toujours libre aux mains du *de cujus*; ainsi le successible peut être dispensé du rapport et non ₊as de la réduction, et tandis que l'héritier seul doit le rapport, tout gratifié est soumis à la réduction; la réduction atteint aussi bien l'héritier renonçant que l'héritier acceptant, et le successible se soustrait, au contraire, au rapport en répudiant l'hérédité. De même encore, si l'héritier donataire ne peut satisfaire au rapport, le sous-acquéreur du bien donné n'y est pas soumis à sa place, et ce serait le contraire en matière de réduction.

La confusion peut cependant être admise dans un cas, quand c'est un successible qui est soumis à la réduction. En effet, l'art. 844 est ainsi conçu : « Dans le cas même où les dons et legs auraient été faits par préciput ou avec dispense de rapport, l'héritier venant à partage ne peut les retenir que jusqu'à concurrence de la quotité disponible : *l'excédant est sujet à rapport.* » Quelques auteurs ont voulu voir dans ce dernier membre de phrase une faute de rédaction, ils ont remplacé le mot *rapport* par celui de *réduction*, et ils ont fait la même correction dans l'art. 866. Cette correction nous semble fautive, et nous croyons que les articles précités entendent parler du rapport et non de la réduction : la loi a eu en vue de faire appliquer les règles du rapport plutôt que celles de la réduction, si c'est un successible qui s'y trouve soumis, et cette préférence se conçoit fort bien, car les règles du rapport sont moins sévères que celles de la réduction. Or, *inter coheredes, res non sunt amare tractandæ.* Nous reconnaissons, bien entendu, que les héritiers pourraient recourir aux règles de la réduction contre leur cohéritier, si les règles du rapport ne leur suffisaient pas pour l'obliger à parfaire la réserve.

Nous nous proposons de diviser notre matière en six sections :

Première section. — Par qui est dû le rapport?

Deuxième section. — Qui a droit de l'exiger?

Troisième section. — A quelles successions se fait-il?

Quatrième section. — Quels sont les avantages sujets à rapport ?

Cinquième section. — Comment s'opère-t-il?

Sixième section. — Quels en sont les effets juridiques ?

SECTION I.

PAR QUI EST DU LE RAPPORT?

Le rapport est dû par tout héritier, c'est-à-dire tant par les héritiers légitimes que par les successeurs irréguliers; le mot *héritier* de l'art. 843 est employé comme synonyme de *successible.* — Subdivisons, pour plus de clarté, cette première section en deux paragraphes.

§ 1. — *Le rapport est dû par les héritiers légitimes.*

Il est dû par eux, sans qu'il y ait à rechercher s'ils ont accepté purement ou simplement ou sous bénéfice d'inventaire, ni s'ils sont descendants, ascendants ou collatéraux. Mais ceux qui viennent à la succession en vertu d'un testament ne sont pas tenus au rapport; le Code ne s'occupe que de ceux qui viennent à la succession en vertu d'un droit qui leur est accordé par la loi.

Si un successible se trouve appelé concurremment à la succession avec des héritiers testamentaires, il n'aura pas droit au rapport, mais seulement à l'action en réduction, si l'héritier légitime étant réservataire, il ne trouve plus sa réserve dans la succession. Nous admettrons encore la même solution pour le cas où tous les héritiers testamentaires sont en même temps successibles; nous exigerions toutefois que toute l'hérédité ait été partagée, car si le défunt n'avait fait que des dons ou des legs particuliers, on ne pourrait en tirer la preuve qu'il a voulu changer les règles établies par la loi pour la dévolution des successions. Pour qu'il n'y ait pas rapport, il faut que les successibles ne viennent qu'en vertu de leur titre de légataires, et mettent de côté leur qualité d'héritiers légitimes. L'art. 857 déclare, en effet, que les légataires n'ont pas droit au rapport, donc ils ne le doivent pas non plus.

Ainsi donc il faut, pour être soumis au rapport, être héritier appelé par la loi et non par le défunt.

Nous avons dit tout à l'heure que, contrairement aux droits romain et coutumier, le rapport a lieu en ligne directe ascendante et en ligne collatérale; nous avons ajouté que l'héritier bénéficiaire y est soumis comme l'héritier pur et simple; le motif en est que l'acceptation bénéficiaire soustrait l'héritier aux poursuites des créanciers du défunt, mais ne change nullement ses obligations envers ses cohéritiers, pas plus celle de rapporter que les autres. Cette obligation de rapporter constitue même un des plus grands dangers de l'acceptation bénéficiaire, si la donation ou le legs est supérieur à la part héréditaire.

L'héritier doit le rapport, quelle que soit la ligne dans laquelle il se trouve. Ainsi, un parent de la ligne paternelle rapportera à son cohéritier, parent de la ligne maternelle,

et un ascendant à son cohéritier de la ligne collatérale.
Disons enfin que le rapport est dû individuellement par l'héritier; il est dû de cohéritier à cohéritier et non de ligne
à ligne. Ainsi, l'ascendant paternel rapportera aussi bien aux
autres ascendants, ses cohéritiers dans la ligne paternelle,
qu'aux héritiers de la ligne maternelle, fussent-ils de simples
collatéraux. De même, la ligne dans laquelle se trouve
l'héritier ne devra rien aux autres, s'il renonce à la succession
pour éluder le rapport.

Tout héritier, avons-nous dit, est soumis au rapport.
La qualité d'héritier n'est pourtant pas suffisante; il faut
qu'à cette condition indispensable s'en joignent trois autres :
1° que l'héritier soit en même temps légataire ou donataire;
— 2° qu'il vienne réellement à l'hérédité; — 3° qu'il n'ait
pas été dispensé du rapport.

PREMIÈRE PROPOSITION. — *Il faut que l'héritier soit
légataire ou donataire du défunt.*

Cette proposition est d'évidence : pour pouvoir rapporter,
il faut avoir reçu. Il n'est pas nécessaire d'avoir été héritier
présomptif au moment de la donation, mais il faut être personnellement légataire ou donataire. Cette condition est
expliquée par les art. 847, 848 et 849. D'après ces articles,
le légataire ou donataire, n'eût-il point profité de la libéralité à lui faite, est tenu au rapport; et celui qui en a en
réalité profité ne doit pas le rapport, s'il n'est pas légataire
ou donataire.

Les art. 847 et 849 se servent d'une expression sur
laquelle nous devons nous arrêter un peu.

L'art. 847 est ainsi conçu : « Les dons et legs faits au fils
de celui qui se trouve successible à l'époque de l'ouverture
de la succession *sont toujours réputés faits avec dispense*

de rapport. Le père venant à la succession du donateur n'est pas tenu de le rapporter. »

Et l'art. 849 : « Les dons et legs faits au conjoint d'un époux successible *sont réputés faits avec dispense de rapport*. Si les dons et legs sont faits conjointement à deux époux, dont l'un seulement est successible, celui-ci en rapporte la moitié ; si les dons sont faits à l'époux successible, il les rapportera en entier. »

Ces expressions, *sont réputés faits avec dispense de rapport*, ont donné lieu à une controverse. Elles prouvent nécessairement, a-t-on dit, que la loi présume ici une interposition de personnes ; la dispense de rapport, en effet, eût été inutile sans cela, puisque les légataires ou donataires, n'étant pas héritiers, ne devaient pas le rapport ; la pensée de la loi c'est que cette libéralité faite à l'enfant va en réalité à l'ascendant, que faite à un époux, elle va à l'autre, et que ce détour atteste l'intention du défunt de dispenser son héritier du rapport.

On peut répondre que le disposant pouvait faire directement un don ou un legs à son héritier en le dispensant du rapport par un acte formel ; on comprendrait donc peu pourquoi il aurait eu recours à un procédé indirect.

Nous croyons pouvoir plutôt trouver dans une explication historique la solution de la difficulté. Parmi nos anciennes Coutumes, celles dites d'*égalité parfaite* n'admettaient pas les dispenses de rapport ; or, des donateurs auraient pu avantager ostensiblement le conjoint ou l'enfant de leur successible, et ainsi éluder en fait la loi. Pour empêcher cette manœuvre, on décida que de telles libéralités seraient considérées comme faites au successible lui-même ; on présuma une interposition de personnes. Cette précaution n'a plus de raison d'être aujourd'hui, puisque le Code permet les dispenses de rapport; mais les présomptions d'interposition de personnes avaient joué un si grand rôle dans notre ancienne législation, qu'on a cru devoir s'y référer pour les abroger. Malheureusement le Code s'est mal exprimé; il aurait dû dire : Les libéralités faites au fils ou au conjoint du successible ne seront plus réputées faites à ce dernier.

Reportons-nous d'ailleurs à la discussion qui a précédé au Conseil d'État la rédaction de nos articles. Le projet de Code de l'an VIII contenait sur notre matière les deux textes suivants :

Art. 162 : « L'héritier n'est tenu de rapporter que le legs qui lui a été fait personnellement. »

Art. 163 : « Le père ne rapporte point le don fait à son fils non successible. »

M. Tronchet fit changer cette rédaction à l'occasion de la disposition qui dispensait le conjoint successible du rapport des dons faits à son conjoint par le défunt. « Cette disposition, dit-il, pourrait donner lieu à des fraudes, et un père qui voudrait avantager son enfant au préjudice des autres pourrait, si cet enfant était marié en communauté, donner à l'autre conjoint. » Il demandait que le conjoint successible rapportât le profit qu'il aurait tiré du don fait à son conjoint.

M. Treilhard répondit en vain que ce changement était inutile, « attendu que le père n'a pas besoin de masquer l'avantage qu'il veut faire au conjoint successible, puisqu'il peut ouvertement le dispenser du rapport. » M. Tronchet ajouta que, quoi qu'il en fût, il valait mieux exprimer la présomption de dispense de rapport.

Le père ne rapporte pas les dons ou legs faits à son fils; recherchons si le fils doit le rapport des dons ou legs faits à son père. L'art. 848 nous apprend qu'il ne doit pas le rapport s'il vient de son chef à la succession du disposant, qu'il ait répudié ou même accepté celle de son père; et qu'il doit au contraire le rapport s'il vient à la succession du donateur comme représentant de son père, car il prend la place du donataire avec ses avantages et ses charges. Dans ce dernier cas, l'enfant est tenu au rapport même s'il a répudié la succession de son père : cette solution, qui au premier abord pourrait sembler une anomalie, puisque celui qui vient à la succession n'est pas en fait le légataire ou le donataire, ne déroge pourtant pas aux principes de la matière, car le représentant vient comme héritier aux lieu et place du représenté; or, le premier devra rapporter, puisque le second eût dû lui-même le rapport s'il avait vécu.

Mais le représentant doit-il en même temps le rapport des dons ou legs à lui faits? Certains auteurs ne le croient pas, car la représentation, disent-ils, est une fiction qui met le représentant dans la place du représenté; si celui-ci eût été héritier, il n'aurait pas rapporté ce qui a été donné au représentant. Venant de son chef, on rapporte ce qu'on a reçu; venant par représentation, on rapporte ce que le représenté a reçu. Ils font aussi appel à une idée d'équité, et il leur répugne de voir la succession s'augmenter grâce au prédécès du représenté.

Malgré ces motifs dont le dernier est très-sérieux, nous préférons demander au représentant le rapport des libéralités faites tant à lui qu'à celui qu'il représente; les termes de l'art. 843 sont trop clairs et trop formels pour que nous admettions une autre opinion : « Tout héritier, dit-il, venant à une succession, doit rapporter... tout ce qu'il a reçu du défunt. » Or, le représentant réunit ici les trois conditions nécessaires pour que le rapport ait lieu. On objecte qu'en droit c'est le représenté qui succède sous le nom du représentant, mais cette objection est de peu de valeur; ce qui est vrai, c'est que le représentant monte au degré du représenté, mais il est personnellement héritier, et le représenté n'a jamais pu l'être, puisqu'il est mort avant. L'idée d'équité, que l'on invoque en dernier lieu, est peu concluante, notre solution ne constitue qu'un léger défaut d'harmonie, mais la base du rapport est l'égalité dans les partages.

Demandons-nous enfin si le représentant doit rapporter les libéralités faites à tous ses ascendants intermédiaires. Un père, par exemple, a deux filles, Prima et Secunda; Prima a un fils Tertius et Tertius une fille Quarta; le père fait un don à Prima et un autre à Tertius, Prima et Tertius viennent à mourir, précédant de peu de temps dans la tombe leur chef de famille : la succession de celui-ci est dévolue à Secunda et à Quarta; Quarta devra rapporter le don fait à Prima; mais devra-t-elle aussi celui de Tertius? Non, répond-on, car on ne représente que celui qui aurait succédé comme étant le plus proche et on ne fait que passer dans le degré des autres. Cette solution ne nous semble pas satisfaisante, nous croyons, au contraire, que les deux donations doivent être rapportées; on ne représente pas, en effet, *per saltum et omisso medio.*

L'art. 849 doit occuper maintenant notre attention pendant quelques instants, il a trait à la donation faite à l'un des époux; trois hypothèses sont possibles :

1° La donation a été faite à l'époux successible, le rapport est évidemment dû.

2° La donation a été faite au conjoint de l'époux successible; pas de rapport. Le Code, en admettant cette solution, a dérogé aux principes anciennement admis; l'ancien droit qui voulait un rapport provisionnel était logique, mais son système était désolant dans la pratique, tandis que l'art. 849 édicte une solution très-logique également et en outre facile d'application.

3° La donation a été faite aux deux époux à chacun pour moitié; l'époux successible effectuera seul le rapport pour moitié.

Nous avons déjà dit qu'on ne doit nullement se préoccuper des mots *réputés faits avec dispense de rapport* qu'emploie l'art. 849; autrement, il faudrait y voir une présomption d'interposition de personnes, et par suite quand le donataire en nom garderait la donation, comme ce serait par le fait de son conjoint, cette donation devrait être imputée sur la quotité disponible de ce dernier. Dès lors, que de complications surgiraient!

D'après ce que nous avons dit aussi, le rapport n'est pas dû par le successible s'il n'est pas personnellement donataire, à supposer même qu'il eût profité pour partie ou pour le tout de la donation faite à son conjoint; il devra au contraire rapporter, s'il est personnellement donataire, quand même il n'aurait profité en rien de la donation.

Ce que les art. 848 et 849 disent des dons et des legs doit être appliqué également au rapport des dettes; ainsi, le petit-fils devra rapporter à la succession de son aïeul les sommes prêtées par celui-ci à son père. En effet, le représentant est soumis aux mêmes obligations que le représenté. De même, la femme rapportera les dettes dues à la succession du défunt par elle ou par son mari, si elle s'est obligée conjointement ou solidairement avec lui. Si les époux étaient communs en biens, il faudra distinguer si la femme a accepté ou répudié la communauté; si la communauté existe encore, la femme ne rapportera qu'une

7

créance éventuelle de moitié si elle accepte et rien si elle renonce (1).

DEUXIÈME PROPOSITION. — *Il faut que l'héritier vienne à l'hérédité.*

Le rapport, en effet, suppose le partage. Ne viennent donc pas à la succession les héritiers qui renoncent ou qui sont exclus pour cause d'indignité. Néanmoins, l'héritier renonçant ou exclu ne conservera pas toujours sa libéralité en entier : il y a dans certaines hérédités une partie réservée, une *réserve*, et les libéralités sont restreintes si elles dépassent la quotité disponible et empiètent sur la réserve (art. 845).

Le donateur peut avoir fait des dons ou des legs non-seulement à son successible, mais en même temps à des tiers; le successible renonce à la succession, pourra-t-il conserver ce qu'il a reçu personnellement, à supposer, bien entendu, que ce qu'il a reçu ne dépasse pas le chiffre de la quotité disponible? Nous répondrons à cette question par une distinction. Si les libéralités faites aux étrangers sont antérieures en date à celle faite à l'héritier renonçant, elles la primeront; absorbent-elles tout le disponible, le renonçant sera tenu à un rapport total; n'absorbent-elles pas tout le disponible, la donation faite au renonçant vaudra jusqu'à concurrence du surplus. Si, au contraire, les libéralités faites aux étrangers sont postérieures à celle faite à l'héritier renonçant, celui-ci conservera la sienne dans le cas, d'ailleurs, où elle n'entamerait pas par elle-même la réserve, et les dons faits postérieurement seront seuls réductibles. —

---

(1) Nous supposons ici, bien entendu, que la femme n'est pas obligée personnellement.

Quelques auteurs, tels que Dumoulin autrefois et aujourd'hui M. Marcadé, ont soutenu que, même dans le second cas, le successible renonçant devait rendre ce qu'il avait reçu si les libéralités faites aux étrangers absorbaient le disponible : on dit, pour appuyer cette solution, qu'en faisant une donation à son successible, le donateur n'entend lui faire qu'un avancement d'hoirie, et que par suite il entend prendre cette libéralité sur la réserve ; si donc l'héritier renonce à la succession, sa renonciation porte sur la réserve, et les libéralités faites à d'autres doivent rester intactes. Cette opinion, combattue jadis par Lebrun, Ferrière et la plupart des auteurs, est encore condamnée aujourd'hui par la grande majorité des jurisconsultes ; les donations faites à un héritier sont de même nature que celles faites à un étranger : elles dépouillent irrévocablement le donateur. D'ailleurs, le donateur pourrait, par une clause expresse, dire que la donation rentrera dans la succession, même au cas de la renonciation du donataire.

TROISIÈME PROPOSITION. — *Il faut que l'héritier n'ait pas été dispensé du rapport.*

L'effet d'une dispense de rapport est de permettre au successible de retenir la libéralité qu'il a reçue, et de prendre en outre dans la succession sa part héréditaire ; cependant, malgré la dispense, l'héritier doit quelquefois rapporter au moins une partie de la libéralité à lui faite, si elle excède la quotité disponible.

Nous nous proposons de répondre sur cette matière à deux questions :

Première question. — Quand et dans quel acte doit se faire la dispense de rapport ?

La dispense peut être valablement insérée dans l'acte de

donation ou dans le testament, mais elle peut l'être également dans un acte postérieur, pourvu que cet acte satisfasse lui-même aux conditions requises pour une donation entre-vifs ou pour un testament, car la dispense de rapport constitue par elle seule une véritable libéralité. L'acte postérieur conférant la dispense de rapport peut être indifféremment une donation entre-vifs ou un testament, sans qu'on ait à rechercher la forme de la première disposition ; ainsi, on peut valablement dispenser du rapport par testament, une libéralité faite dans une donation entre-vifs. Mais l'acte postérieur restera toujours soumis aux formes qui lui sont propres et produira toujours les effets qui lui sont particuliers ; ainsi, si c'est une donation, elle devra être acceptée (art. 931), et elle sera irrévocable (art. 894) ; si c'est un testament, une acceptation ne sera pas nécessaire, et la libéralité sera révocable (art. 895).

Toutefois, la dispense de rapport accordée par un acte postérieur à l'acte de disposition ne peut avoir d'effet rétroactif au préjudice des droits acquis à des tiers ; si, par exemple, le disposant fait une donation ordinaire à un de ses successibles, puis fait à un autre une nouvelle donation avec dispense de rapport, il ne pourra ensuite, en déclarant préciputaire la première libéralité, nuire aux droits légiti-mement acquis par le second donataire (Grenier, Demolombe, Zachariæ, Aubry et Rau).

Nous disions tout à l'heure que la dispense de rapport, accordée par un acte postérieur à l'acte de disposition, devait être insérée dans un acte revêtu des formes de la donation entre-vifs ou du testament ; c'est là un principe absolu ; l'art. 919, § 2, n'autorise aucune exception à la règle. Mais il ne faudrait pas se hâter de généraliser cette propo-sition et de conclure que toute dispense de rapport doit être écrite dans un acte de donation ou dans un testament. L'art. 919, en effet, ne s'occupe pas de l'hypothèse où la dispense de rapport est écrite dans l'acte même qui confère la libéralité.

Supposons qu'un père vende pour 100,000 fr. à un de ses enfants un immeuble qui en vaut 120,000, et qu'il prenne soin de déclarer dans l'acte de vente qu'il entend faire de la différence entre le prix convenu et la valeur vraie de l'immeuble, une libéralité préciputaire à cet enfant. On ne trouve là ni acte de *donation*, ni *testament*, on ne trouve qu'un acte de *vente*. La déclaration de préciput est-elle donc nulle pour cela? Nous ne pouvons le croire, et nous disons, avec M. Demolombe et MM. Aubry et Rau, que cet avantage, certainement valable entre le père et le fils, le sera de même envers et contre tous. Nous pouvons donc dire que la dispense de rapport peut être insérée dans un acte autre qu'un acte de donation entre-vifs ou un testament.

Deuxième question. — Dans quels termes doit être conçue la dispense de rapport?

Il faut, répond l'art. 843, que la donation ou le legs ait été fait par préciput et hors part ou avec dispense de rapport (1). On demande une dispense expresse de rapport, mais on n'impose aucune formule sacramentelle, on n'exige qu'une phrase claire, qu'une manifestation non équivoque de la volonté du disposant. Nous devons donc rechercher à quels signes on peut reconnaître l'intention du disposant de dispenser son successeur du rapport.

Les expressions employées par l'art. 843 peuvent être

_____

(1) Au lieu de *par préciput* ET *hors part*, lisons *par préciput* OU *hors part;* l'art. 919 fait lui-même cette correction.

remplacées par d'autres mots équivalents. La jurisprudence voit même une dispense de rapport, tantôt dans diverses clauses de la libéralité, tantôt dans la nature même de la disposition. Étudions quelques espèces.

1° Un *legs universel* fait au successible emporte-t-il dispense de rapport? Oui, car pour qu'il y ait rapport, il faut un partage; or, ici il n'y en aura pas. Les héritiers réservataires eux-mêmes n'auront contre le légataire universel qu'une action en réduction.

2° Le *legs de la quotité disponible* suffit-il pour manifester l'intention du testateur de dispenser du rapport son légataire? Non, répondons-nous, car ici il y aura un partage, et on ne peut pas voir une dispense de rapport dans le seul fait du legs de la quotité disponible, car si le legs universel est dispensé du rapport, ce n'est pas parce qu'il renferme une dispense expresse, mais parce qu'il substitue le titre de légataire à celui d'héritier selon la loi. Le légataire universel vient à la succession en vertu du testament, et non de la loi. Comme il a tout, il y a lieu à la réduction en faveur des réservataires, et non au rapport. Ce n'est pas l'art. 843 qui est applicable, mais l'art. 920. Au contraire, le légataire de la quotité disponible est avant tout héritier; il faut qu'il cumule les deux titres pour venir à la succession; l'art. 843 devra donc être observé, puisque nous sommes justement ici dans un des cas prévus. — On peut même dire que le défunt a eu en vue de laisser par ce legs le choix à son héritier entre sa part héréditaire et la quotité disponible.

3° Les *partages d'ascendants,* qu'ils soient faits par donation ou par testament, sont faits avec dispense de rapport. Un nouveau partage ne pourrait être fait qu'au cas de lésion de plus du quart.

4° Il faut également regarder comme dispensés du rapport les biens qui font l'objet d'une *substitution fidéicommissaire*. On doit voir une dispense suffisante dans la charge de rendre qui est imposée au grevé, et le légataire peut ainsi cumuler le legs avec sa part héréditaire. Il faut bien, en effet, conserver le bien qu'on doit restituer un jour (Douai, 17 janvier 1829).

5° *Quid*, d'une *substitution vulgaire?* Nous ferons ici une réponse négative, car rien n'implique de la part du disposant la volonté de dispenser du rapport.

6° *Quid*, de la *stipulation du droit de retour au profit du donateur*, soit pour le cas du prédécès du donataire seul, soit pour le cas du prédécès du donataire et de ses descendants? On ne peut pas la considérer comme renfermant une dispense de rapport, car elle restreint le droit du donataire au lieu de l'étendre, et au lieu de diminuer les chances de résolution de la donation, elle ne fait qu'en ajouter une de plus.

7° La *donation faite avec réserve d'usufruit* est-elle dispensée du rapport? Non; il est vrai que le donataire ne jouira pas du bien donné jusqu'à la mort du donateur où aura lieu le rapport, mais en revanche il pourra rapporter en moins prenant.

Nous parlerons plus loin des dons manuels.

§ 2. — *Le rapport est dû par les successeurs irréguliers.*

Certains successeurs irréguliers ne sauraient être soumis au rapport, ce sont le conjoint survivant et l'État : quand ils viennent en effet à la succession, ils y viennent seuls et ne concourent jamais avec d'autres héritiers.

L'on peut diviser en deux catégories les successeurs irréguliers qui sont tenus au rapport.

PREMIÈRE CATÉGORIE. — *Sont soumis au rapport les enfants naturels.*

Cette proposition n'est pourtant pas unanimement admise. L'art. 760 dit que « l'enfant naturel ou ses descendants sont tenus d'*imputer* sur ce qu'ils ont droit de prétendre tout ce qu'ils ont reçu du père ou de la mère dont la succession est ouverte et qui serait sujet à rapport, d'après les règles établies à la section II du chap. VI du présent titre. » L'enfant naturel doit *imputer* sur sa part la donation que lui aurait faite son père ou sa mère, car la loi lui défend de recevoir plus que ce qu'elle lui accorde *ab intestat.* Mais quel est le sens exact de ce mot *imputer?*

Pour quelques auteurs, imputation n'est nullement *synonyme de rapport;* sans cela, disent-ils, l'art. 760 aurait employé le mot *rapport.* Le rapport, pour ces auteurs, s'effectue en nature ou en moins prenant, tandis que l'imputation suppose l'exclusion du rapport en nature. Nous préférons assimiler ces deux mots et exiger de l'enfant naturel le véritable rapport. L'enfant naturel est héritier comme l'enfant légitime, et l'art. 843 soumet au rapport les héritiers sans distinction; l'enfant naturel recueille dans la succession une part de ce qu'il aurait eu s'il avait été légitime; le rapport se fera donc pour lui comme pour les héritiers légitimes, puisque sa part est de la même nature que celle des héritiers légitimes, sinon du même chiffre. Nous pouvons enfin tirer une dernière preuve du renvoi que l'art. 760, *in fine,* fait à la section des rapports.

Par conséquent, nous croyons applicables à l'enfant naturel les art. 852, 853, 854, 856, qui établissent les libéra-

lités qui sont soumises au rapport et celles qui ne le sont
pas, ainsi que les art. 858-869, qui fixent la manière dont
le rapport doit avoir lieu.

Il faut pourtant bien reconnaître que certaines règles
spéciales régissent notre matière. Ainsi l'enfant naturel ne
peut être dispensé du rapport, et il ne peut même pas s'y
soustraire en renonçant à la succession (art. 908), car la
volonté de la loi prime ici celle du disposant. — De même
l'enfant naturel ne jouit pas du privilége accordé à l'enfant
légitime de ne pas rapporter ce qui a été donné à son enfant
ou à son conjoint; il est, au contraire, tenu ici au rapport,
comme si la libéralité lui avait été faite à lui-même, son
enfant ou son époux sont présumés personnes interposées
(art. 911). — Enfin, tandis que les descendants d'un enfant
légitime, venant de leur chef, ne rapportent pas ce qui a été
donné à leur auteur, les descendants d'un enfant naturel
sont toujours tenus au rapport de ce qui a été donné à ce
dernier (art. 759) ; la loi limite le droit des enfants naturels
à leur part héréditaire, et elle défend aux petits-enfants de
cumuler la libéralité faite à leur auteur, avec leur part
dans la succession.

DEUXIÈME CATÉGORIE. — *Sont soumis au rapport les
pères et mères, les frères et sœurs naturels succédant
à l'enfant naturel.*

La loi, il est vrai, est muette sur ce point, mais on doit
décider néanmoins que le rapport est dû, car l'art. 843
l'impose à tout héritier, et l'égalité dans les partages est
exigée dans toutes les successions.

Remarquons que dans ces hypothèses les règles du
rapport doivent être appliquées sans aucune restriction;
les exceptions dont nous parlions tout à l'heure ne visent

que le cas où l'enfant naturel vient en concours avec des héritiers légitimes.

SECTION II.

QUI A DROIT D'EXIGER LE RAPPORT?

L'art. 857 répond en ces termes : « Le rapport n'est dû que par le cohéritier à son cohéritier; il n'est pas dû aux légataires ni aux créanciers de la succession. » Cet article renferme deux propositions, l'une affirmative, l'autre négative; étudions-les séparément.

PREMIÈRE PROPOSITION. — *Le rapport est dû par le cohéritier à son cohéritier.*

Si l'on rapproche les art. 843 et 857, on voit la corrélation qui existe entre eux. Ces deux articles s'appliquent aux mêmes individus; ceux-là seulement ont droit d'exiger le rapport qui seraient tenus de l'effectuer s'ils étaient eux-mêmes donataires ou légataires. Ainsi, un successeur irrégulier doit le rapport à l'héritier acceptant purement et simplement ou sous bénéfice d'inventaire, et réciproquement, l'héritier doit le rapport au successeur irrégulier. Le mot héritier de l'art. 857 a le même sens que dans l'art. 843, il s'applique à tous les héritiers *ab intestat,* mais à eux seuls. De même encore le rapport ne peut être réclamé par l'héritier renonçant ou exclu. Ne venant pas au partage, il n'a pas à effectuer de rapport; dès lors il ne peut profiter des biens que les autres successibles rapportent à la succession.

Notons qu'aux termes de l'art. 857, le rapport est dû par le cohéritier à son cohéritier; il n'est donc pas dû par une

ligne à l'autre, ou par une souche à l'autre. Un seul le doit
à tous et tous le doivent à chacun. La libéralité doit être
rapportée à la masse, et les biens qui en font partie doivent
être distribués entre les héritiers comme si le défunt n'en
avait pas disposé.

DEUXIÈME PROPOSITION. — *Le rapport n'est pas dû aux
légataires ni aux créanciers de la succession.*

Subdivisons l'étude de cette proposition :

1° Le rapport n'est pas dû aux créanciers de la succession.

Si la libéralité est un legs, les créanciers de la succession
ne peuvent en demander le rapport; ce n'est point que
l'héritier institué légataire par le défunt puisse se faire dé-
livrer, au préjudice des créanciers, la chose léguée, même
si ses cohéritiers renonçaient au rapport; mais si l'héritier
légataire ne le peut, c'est à cause de la maxime : « *Nemo liberalis nisi liberalus.* » Ceci est fort important à remarquer,
car si les créanciers pouvaient demander le rapport, leur situation serait bien moins bonne, puisque le *de cujus* aurait pu
ajouter à son legs une clause de préciput. Quelques auteurs
ont cependant contesté, à tort selon nous, que l'art. 857
s'appliquât aux legs, et ils croient que le rapport des legs
est dû aux créanciers. Les créanciers seront, il est vrai,
toujours payés avant les légataires; mais ce ne sera pas
comme ayant demandé et obtenu le rapport; ce sera en
vertu de notre maxime : « *Nemo liberalis nisi liberalus.* »
Les créanciers seront payés les premiers; mais ce ne sera
pas sur le legs, car il ne peut pas y avoir de legs avant que
la succession ait entièrement payé ce qu'elle doit. Les créanciers n'ont donc pas besoin de demander le rapport.

Si la libéralité est une donation, les créanciers de la
succession ne peuvent en demander le rapport. Les créanciers

ne peuvent protester contre les donations faites entre-vifs
par le *de cujus* à son héritier; en effet, la donation du
de cujus à son héritier a nécessairement une date antérieure
ou postérieure à la dette contractée par le *de cujus* envers
le tiers : si la donation a date antérieure, le tiers créancier
ne peut se plaindre, car il n'a jamais eu aucun droit sur les
biens qui la composent; si elle a date postérieure, ou le
créancier n'a stipulé aucune sûreté spéciale de son débiteur,
et il est en faute, ou il s'est fait concéder une garantie, et
alors ses droits ne sont nullement compromis.

Voilà les solutions doctrinales : elles se heurtent pourtant
contre une objection assez sérieuse qui est tirée de l'art. 1166.
Les créanciers, dit-on, pouvant, en principe, exercer les
droits et actions de leur débiteur, il faut reconnaître aux
créanciers personnels d'un héritier le droit de demander, au
nom de leur débiteur, le rapport à un autre héritier; or, par
le fait de l'acceptation, les créanciers du défunt sont devenus les créanciers personnels des héritiers; donc, conclut-
on, les créanciers héréditaires pourront, au nom des autres
cohéritiers, demander le rapport à un cohéritier. Cette objection qui paraît décisive au premier abord, doit cependant
être écartée. Les créanciers héréditaires ne se présentent ici
que *nomine alieno* et non *proprio nomine,* puis ils ne
peuvent agir que si la confusion des deux patrimoines s'effectue, l'art. 1166 ne trouve donc son application qu'au
cas d'une acceptation pure et simple; il est sans force en
face d'une acceptation sous bénéfice d'inventaire ou d'une
demande en séparation des patrimoines formée par les
créanciers.

Si le rapport ne peut pas profiter aux créanciers de la succession, il ne peut pas non plus leur nuire, ils ont pour gage
l'actif de la succession. et ce gage doit rester intact de

quelque manière que les héritiers s'y prennent pour opérer
leur rapport. Payez-nous d'abord, disent les créanciers;
ensuite vous effectuerez vos rapports. Un père, par exemple,
laisse 200,000 fr. d'actif à partager entre ses deux fils; il a
donné entre-vifs à l'un de ses fils 200,000 fr., et à sa mort
il a pour 200,000 fr. de dettes : supposons que ses deux
enfants acceptent sa succession purement et simplement,
mais que l'enfant gratifié soit insolvable : l'autre tiendra
aux créanciers le langage suivant : « Le partage entre mon
frère et moi est facile, car il va rapporter en moins prenant
sa donation de 200,000 fr. et moi je prendrai les 200,000 fr.
qui composent l'actif de la succession; maintenant les dettes de
la succession s'élèvent à 200,000 fr., c'est-à-dire 100,000 fr.
pour chacun; voici 100,000 fr., demandez somme égale
à mon frère. — Un tel raisonnement est impossible, car les
créanciers ne doivent pas souffrir du rapport. Ils ont un
moyen, a-t-on dit, de ne pas souffrir du rapport, c'est de
demander la séparation des patrimoines. Nous ne croyons
pas que cela soit nécessaire. En effet, le rapport en moins prenant, c'est l'emploi par l'héritier qui rapporte ainsi de sa
part de l'actif de l'hérédité à l'acquit de sa dette envers son
cohéritier; or précisément, le patrimoine héréditaire ne peut
recevoir cette affectation au préjudice des créanciers du
défunt; donc en reprenant notre exemple, le frère non
avantagé recueille 100,000 fr. comme son frère, et ces
100,000 fr. sont le gage de sa moitié dans la charge des
dettes; le frère avantagé, qui ne prend également dans l'hérédité que 100,000 fr. avec la charge de l'autre moitié des
dettes, reste le débiteur personnel de son frère, jusqu'à
concurrence de 100,000 fr.

Remarquons enfin que l'héritier, dans le cas où il serait
créancier de la succession, n'aurait pas droit au rapport

comme créancier, mais seulement comme héritier, d'où il ne pourrait pas imputer ce qui lui serait dû sur le rapport qu'il aurait à faire, ni se faire payer sur le rapport fait par ses cohéritiers.

2° Le rapport n'est pas dû aux légataires de la succession.

Le légataire est celui qui est appelé à la succession par la volonté du défunt et non en vertu de la loi; n'étant pas héritier, il n'a pas droit au rapport, tellement que s'il est en même temps héritier et légataire, il ne profitera du rapport qu'en tant qu'héritier et à ce titre seul.

Les légataires de la succession n'ont pas droit au rapport, mais quel est le sens exact de cette phrase? Après de longues discussions, les jurisconsultes sont aujourd'hui à peu près d'accord sur ce point; on admet que le sens de cette proposition est que le légataire n'a aucun droit au rapport proprement dit, c'est-à-dire qu'il ne peut pas profiter des biens qui en font partie; nous n'avons pas à rechercher ici si le bien rapporté doit ou non entrer dans le calcul de la quotité disponible et de la réserve. Contentons-nous de savoir que le légataire doit prendre son legs seulement sur les biens qui se trouvent encore dans la succession, sans toucher aux choses rapportées, et qu'il ne prend rien si tous ces biens sont absorbés.

Le rapport n'est pas dû au légataire des dons faits à un successible; quand un *de cujus* fait une donation entre-vifs et fait ensuite un legs à une autre personne, le légataire ne peut faire rapporter la donation.

Le rapport n'est pas dû au légataire des legs faits à un successible; l'héritier légataire, il est vrai, ne sera pas payé de son legs par préférence aux autres légataires, car ils seront tous payés concurremment, et si les legs sont excessifs, chacun ne recevra qu'une partie du sien (art. 926);

mais le legs fait au successible viendra en concours avec les autres legs et en diminuera le montant, donc les simples légataires pourront ne recevoir qu'une fraction de leurs legs, et l'héritier légataire laissera sa portion dans la masse héréditaire qui sera divisée entre ses cohéritiers et lui.

On s'est demandé toutefois si un légataire ne pourrait pas profiter, sinon d'un rapport réel, au moins d'un rapport fictif fait à la succession par un ou par plusieurs héritiers? C'est, par exemple, un père de trois enfants qui a fait à chacun d'eux une donation entre-vifs de 8,000 fr., qui lègue en outre à un étranger sa quotité disponible et qui meurt laissant un patrimoine de 8,000 fr.; que recueillera le légataire?

La quotité disponible, disent certains auteurs, est du quart quand le défunt laisse trois enfants (art. 913); la succession, vis-à-vis du légataire, n'est que de 8,000 fr., puisqu'il n'a aucun droit au rapport, donc il prendra un quart de 8,000 fr., soit 2,000 fr.

D'autres jurisconsultes, au contraire, lui donnent toute la quotité disponible si elle se trouve réellement dans la succession..ici, 8,000 fr. Nous croyons devoir nous rallier à cette opinion. L'art. 922, en effet, est ainsi conçu : « La réduction se détermine en formant une masse de tous les biens existants au décès du donateur ou testateur. On y réunit fictivement ceux dont il a été disposé par donations entre-vifs d'après leur état à l'époque des donations et leur valeur au temps du décès du donateur. On calcule sur tous ces biens, après avoir déduit les dettes, quelle est, eu égard à la qualité des héritiers qu'il laisse, la quotité dont il a pu disposer. »

D'après cela, réunissant fictivement les dons à la masse, on trouve 32,000 fr. dont le quart est 8,000 fr., le légataire

recevra donc 8,000 fr. On objecte que l'art. 922 ne s'applique
que quand il s'agit de faire réduire les libéralités qui excèdent
la quotité disponible, et que ce n'est pas ici le cas, puisque
le légataire n'a pas à rendre, mais à demander; mais cette
objection est sans valeur car il n'existe qu'une seule quotité
disponible que l'art. 922 détermine pour toutes les hypothèses. Autrement, le testateur pourrait facilement faire
des legs qui entameraient la réserve, il y aurait alors lieu
à réduction et l'art. 922 deviendrait applicable; il dépendrait
donc du disposant d'éluder la solution du premier système.

Il y aurait encore rapport fictif si un époux, ayant des
enfants d'un premier lit, avait donné à son second conjoint,
par contrat de mariage, une part d'enfant le moins prenant.
Notre opinion serait la même encore ici, d'autant plus que
la donation est irrévocable et qu'elle n'a pas pu être
amoindrie outre mesure par le disposant. — Nous pensons
même que notre solution serait applicable, s'il n'y avait
qu'un seul héritier; il imputerait sur sa réserve ce que son
auteur lui a donné.

Cependant, si le testateur a fait un legs particulier à son
héritier réservataire et a institué un légataire universel,
le legs particulier devra être regardé comme une charge
imposée au légataire universel.

Le rapport proprement dit et le rapport fictif ou imputation dont nous venons de parler sont loin d'être semblables.
La loi veut que l'héritier ait toute sa réserve, mais elle se
contente de cela, et elle permet d'imputer sur cette réserve
les dons faits à l'héritier et soumis au rapport. Le droit de
l'héritier sur sa réserve est inattaquable, mais il en est
de même du droit qu'avait le défunt de disposer de sa quotité
disponible : les héritiers ont leur réserve, ils l'ont même eue
plus tôt qu'ils n'auraient dû l'avoir, ils n'ont donc pas à se

plaindre. Bien entendu, le légataire ne pourra jamais prendre son legs sur les biens rapportés; tant pis pour lui si ceux qui composent la succession ne lui suffisent pas.

SECTION III.

A QUELLE SUCCESSION SE FAIT LE RAPPORT?

Aux termes de l'art. 850, le rapport ne se fait qu'à la succession du donateur. Un grand-père fait à son petit-fils une donation entre-vifs, et meurt en laissant un fils (le père du donataire) pour héritier; ce fils décède peu après : le petit-fils donataire succède à son père sans rapporter l'objet de sa donation. Il devrait, au contraire, le rapport s'il succédait à son grand-père à cause du prédécès de son père.

L'évidence de ce principe en rend toute justification inutile; de même qu'on demande le rapport au donataire ou au légataire seul, de même il n'est dû qu'à la succession du donateur. Supposons pourtant qu'un grand-père ait fait une donation entre-vifs à un de ses petits-fils, et soit mort ensuite en laissant un fils, père des petits-enfants; à la mort de ce dernier, ses enfants, petits-enfants du donateur, prétendront que leur frère, le donataire, a été avantagé à leur préjudice, car ce qui lui a été donné par leur aïeul n'est pas entré dans le patrimoine de leur père. Le rapport serait légitime dans ce cas, mais cependant la loi ne permet pas de l'exiger.

La règle de l'art. 850 peut présenter certaines difficultés quant au rapport de la dot constituée à l'un des cohéritiers; la question dépendra de la manière dont les parents auront constitué la dot, conjointement ou séparément, en biens communs ou en biens propres.

8

Reportons-nous aux art. 1438 et 1439.

1° Supposons une dot constituée en biens communs par le mari seul. La moitié en sera rapportée à la succession du mari et l'autre moitié à celle de la femme, si celle-ci accepte la communauté; sinon la dot sera tout entière rapportable à la succession du mari. Notons, toutefois, que le mari peut s'être valablement chargé lui-même d'une part plus grande que la moitié, cas auquel la dot ne serait rapportable à la succession de la femme acceptante que pour une part moindre que la moitié.

Si le mari seul a constitué la dot en effets communs, la femme acceptante ne sera tenue de la moitié que si elle est mariée sous le régime de communauté légale ou sous celui d'une communauté conventionnelle qui l'associe pour moitié à son conjoint; autrement le mari ne pourra lui faire supporter dans la dot qu'une part proportionnelle à celle qu'elle prend dans la communauté. Il en serait ainsi même si les époux avaient doté conjointement l'enfant commun, car l'art. 1438 ne se réfère qu'au régime de la communauté légale, et ne touche pas aux conventions qui peuvent régir la communauté des époux. La part de la femme dans la dot sera donc inférieure à la moitié, si elle a moins de moitié dans la communauté.

2° Supposons une dot constituée conjointement par les deux époux mais en biens propres à l'un d'eux, la dot sera rapportable pour moitié à la succession de chacun d'eux; il s'élèvera, bien entendu, une question d'indemnité entre l'un des conjoints et la succession de l'autre, mais l'enfant doté ne devra jamais rapporter qu'une moitié de sa dot à chacune des successions. — Nous admettrons cette solution, même si les époux avaient stipulé la solidarité entre eux.

Si les parents ont déclaré par une clause expresse dans la

constitution de dot que la dot est un avancement d'hoirie du prémourant et qu'elle devra être imputée en entier sur sa succession, comment cette clause doit-elle être interprétée? La Cour de Paris, dans un arrêt du 10 août 1843, l'a considérée comme faite uniquement dans l'intérêt du conjoint survivant, et a exigé le rapport de la donation pour moitié à chacune des successions. — Nous ne saurions admettre cette opinion, qui nous semble l'annulation sans motif d'une clause licite, et par conséquent valable.

Si les époux sont morts à peu d'intervalle l'un de l'autre, laissant les mêmes héritiers, et s'il faut procéder au partage de la communauté et des successions, la communauté sera partagée par parts égales en la réunissant à la succession propre de chaque époux. Le rapport de la dot sera fait à chaque succession isolément (1). Cette solution, rejetée par la Cour de Paris, qui voulait que le rapport de la dot fût fait en totalité à la masse de la communauté elle-même, a été confirmée par la Cour de cassation. C'est d'ailleurs l'application de l'art. 850, car le donateur c'est l'un des époux ou tous deux ensemble, et on ne peut considérer la communauté comme donatrice, surtout après la mort des époux.

SECTION IV.

QUELS SONT LES AVANTAGES SUJETS A RAPPORT?

Au premier abord, on croirait pouvoir soumettre au rapport tous les avantages faits à un successible sans dispense de rapport et seulement ces avantages; mais cette

_____

(1) Nous supposons ici que la communauté a été acceptée par la femme ou par ses héritiers.

solution serait inexacte, car d'une part les dettes sont aussi elles rapportables, et de l'autre tous les avantages faits à un héritier, ne sont pas soumis au rapport : il en est qui on sont dispensés par leur nature même.

Nous vous proposons d'étudier dans quatre paragraphes séparés le rapport des donations entre-vifs, — des legs, — des dettes, — et les avantages qui ne sont pas sujets à rapport.

§ 1. — *Rapport des donations entre-vifs.*

L'art. 843 demande à l'héritier le rapport de tout ce qu'il a reçu du défunt par donation entre-vifs, directement ou indirectement; il existe donc deux espèces de donations entre-vifs; examinons-les l'une après l'autre.

I. — *Donations directes.* — Une donation est *directe* quand elle a été faite *recta via*, c'est-à-dire ostensiblement dans les conditions ordinaires de la vie ou dans certaines circonstances spéciales, telles qu'un mariage; nous considérons donc comme donation directe, non-seulement les libéralités faites dans les formes prescrites par les art. 931 et suivants, mais encore la remise gratuite de dettes, ainsi que la donation faite accessoirement à un contrat à titre onéreux, pourvu que cette donation ne soit pas occulte. Toute donation directe est rapportable; *quid*, cependant des donations onéreuses, des donations rémunératoires, des dons manuels?

Les *donations onéreuses* sont celles dans lesquelles le donateur impose certaines charges au donataire; les *donations rémunératoires* sont celles qui sont faites en récompense d'un service rendu. La solution de la question se

trouve dans une distinction. La valeur des charges imposées
ou du service rendu est-elle sérieuse, le donataire ne rapportera pas sa donation en entier, mais seulement la portion
qu'il a reçue à titre gratuit, c'est-à-dire l'excédant sur le
prix des charges ou des services; cette valeur est-elle, au
contraire, fort minime, la donation sera rapportable pour le
tout. — Cette distinction s'appliquerait également aux legs.

Quelques auteurs exigent toujours un rapport total si
l'objet de la libéralité est un immeuble; il vaut mieux,
croyons-nous, laisser à l'héritier une partie de l'immeuble
correspondante aux charges ou aux services rendus, si cet
immeuble peut être partagé sans grande difficulté; sinon,
on suivra la maxime : « *Major pars trahit ad se minorem;* » et on appliquera l'art. 866.

Nous appliquerons la même règle aux *donations mu-
tuelles*, et nous tiendrons compte à l'héritier de la donation
qu'il a faite au *de cujus*.

On a dit que les *dons manuels* n'étaient pas rapportables; on invoquait d'abord à l'appui de cette opinion leur
peu de valeur, et on ajoutait que le *de cujus*, en ne faisant
aucun écrit qui pût un jour servir de preuve, avait entendu
dispenser son successible du rapport. — Cette solution ne
saurait être admise en face des termes précis de l'art. 843,
qui soumet au rapport toute donation sans exception; et
d'ailleurs, un don manuel peut avoir une valeur considérable.

Nous nous appuyons également sur l'art. 843 pour repousser, quant aux dons manuels occultes, un système
d'après lequel ils seraient dispensés du rapport, et aussi une
autre opinion permettant d'induire la dispense des circonstances du fait. Si le donateur a fait le don d'une manière occulte, ce n'est point pour dispenser le donataire du

rapport, c'est pour éteindre tout germe de jalousie entre ses héritiers présomptifs.

Nous venons de dire que l'héritier doit rapporter tout ce qu'il a reçu du défunt par donation entre-vifs; il doit le rapport de toute libéralité à lui faite par le *de cujus* de son vivant. Mais s'il doit rapporter tout ce qu'il a reçu, il ne doit du moins rapporter que ce qu'il a reçu. Il est évident que pour rendre il faut avoir reçu. Cette seconde idée appelle quelques développements.

Un père a constitué une dot à sa fille et meurt avant l'échéance du terme, ou après cette échéance, mais sans avoir payé la dot, la fille ne devra pas le rapport, même si elle était mariée sous le régime dotal et avait de son propre fait refusé le payement de sa dot. Si nous supposons le père en état de faillite et la fille, mariée sous le régime dotal, re-fusant le dividende à elle offert, ses cohéritiers ne pourront la contraindre au rapport. De même, le rapport de la dot ne serait pas exigible si trente ans s'étaient écoulés depuis la constitution de la dot sans que le père l'eût payée, et si le père mourait ainsi libéré : la prescription ne crée point d'obligations; elle libère le père du payement de la dot, mais elle ne peut créer pour la femme l'obligation de rapporter. Point de rapport encore, si la femme s'était fait payer sa dot par le mari ou par ses héritiers (art. 1569), car la fortune du défunt n'en a pas été diminuée.

Si la femme a été avantagée, c'est aux dépens du mari ou de ses héritiers, elle s'arrangera avec eux. La négligence du mari pourra ne causer aucun tort à la femme; car, si elle vient à la succession de son père, elle se trouvera dispensée du rapport; elle devra alors tenir compte à son mari ou à ses héritiers de la dot qu'ils lui auront payée, mais cela ne regarde en rien les héritiers de la femme.

La dot prise sur les biens du constituant est toujours rapportable, alors même qu'elle aurait été constituée et payée depuis plus de trente ans, même si la fille n'en avait tiré aucun avantage (art. 849). L'obligation de rapporter ne naissant qu'à l'ouverture de la succession, la prescription ne peut commencer à courir qu'à cette époque.

Du principe que la fille doit le rapport de tout ce'qu'elle a reçu, on conclut qu'elle devrait un double rapport, si le constituant, par suite d'erreur ou de fraude, avait payé deux fois la dot.

La novelle 97 de Justinien, chap. vi, fait une hypothèse que répète l'art. 1573 : La femme mariée ne rapporte pas la dot que son père lui a constituée, si le mari était déjà insolvable et n'avait ni art, ni profession au moment du mariage; elle ne rapporte dans ce cas que son action en restitution de dot contre son mari : cette décision est équitable, car le père a été imprudent, et cette imprudence doit être supportée par tous les héritiers; mais il faut pour cela plusieurs conditions; il faut : 1° que le mari soit insolvable et n'ait ni art, ni profession au moment du mariage; — 2° que la fille soit mariée sous le régime dotal : cette condition n'est point admise par tout le monde; mais elle existe, néanmoins, car l'obligation au rapport est une obligation générale qui ne cesse qu'en face d'un texte formel; or, l'art. 1573 se trouve au titre du régime dotal et vise la femme dotale seule : on peut encore tirer de l'origine de cette disposition une preuve convaincante, car les pays de coutumes ne l'ont jamais admise; elle vient du droit romain et n'était en vigueur, autrefois, que dans les pays de droit écrit, c'est-à-dire dans les pays de régime dotal; — 3° que la dot soit mobilière : un immeuble, en effet, ne se perd pas comme de l'argent; d'ailleurs, la dot immobilière étant inaliénable doit toujours se retrouver, malgré l'insolvabilité ou l'oisiveté du mari, puisque la femme peut s'opposer à ce qu'elle soit vendue, et peut demander la séparation de biens, si le mari la détériore. — Il n'est pas nécessaire, pour que l'art. 1573 soit applicable, que la succession du mari soit ouverte; s'il vit encore, la femme rapportera la créance éventuelle qu'elle a contre lui. — Il est enfin évident que cet article s'applique à la mère, aux aïeux et aïeules aussi bien qu'au père, mais non à d'autres.

II. — *Donations indirectes.* — Une donation indirecte est tout avantage qui n'a pas été fait dans la forme ordinaire des donations entre-vifs. Il y a les donations indirectes qui émanent du défunt seul et dont le caractère est unilatéral; il y en a d'autres qui résultent d'actes où l'héritier est partie. Examinons-les séparément (1).

A. — *Donations indirectes émanant du défunt seul.*

L'art. 851 en indique deux classes : « Le rapport est dû, dit-il, de ce qui a été employé pour l'établissement d'un des cohéritiers ou pour le payement de ses dettes. » Cette énumération est loin d'être limitative.

Le rapport est dû de ce qui a été employé pour l'établissement d'un des cohéritiers. — La loi entend ici par *établissement* la position qu'occupe le cohéritier dans la société; de telles donations sont rapportables sans qu'il y ait à distinguer si elles ont été faites par contrat de mariage ou

---

(1) Quelques auteurs condamnent cette classification et ne donnent le nom d'avantages indirects qu'aux donations émanant du défunt seul, mais cette opinion doit être rejetée, car une donation ne peut être faite que de deux manières : directement ou indirectement; or, les donations déguisées ou faites à personnes interposées ne peuvent être regardées comme des donations directes, elles constituent donc des avantages indirects, quoiqu'elles aient un caractère bilatéral.

autrement. Le cohéritier rapportera l'argent qu'il aura reçu pour acheter un fonds de commerce, un office ministériel, pour se marier; il devra aussi le rapport de ce qu'il aura reçu pour améliorer son établissement, d'une bibliothèque, par exemple, s'il est avocat ou médecin, d'ustensiles de labourage, s'il est cultivateur.

Le rapport est dû de ce qui a été employé pour le payement des dettes d'un des cohéritiers. — Le rapport est évidemment exigible pour le pa[...]ent d'une dette civilement existante, mais en est-il de même pour une dette que le successible aurait pu se dispenser de payer, dette naturelle, dette usuraire, dette annulable, dette prescrite? Par exemple, un jeune homme encore mineur contracte des dettes, son père les acquitte, le fils sera-t-il soumis au rapport? Quelques jurisconsultes répondent affirmativement; d'autres tranchent la question en fait et tiennent compte des circonstances et de la fortune personnelle du successible; d'autres enfin, et nous nous rangeons de leur côté, ne croient pas que le rapport soit dû; pour que le rapport soit dû, dirons-nous, il faut que l'héritier ait reçu un avantage; or, il n'en a reçu ici aucun, puisqu'il aurait pu se dispenser de payer sa dette. — Nous ne parlons ici toutefois que selon le droit strict, car la conscience commanderait le rapport dans bien des cas.

Il n'y a pas à distinguer si la dette du successible payée par le *de cujus* représentait un capital ou des intérêts, voire même des frais de nourriture ou d'entretien, le rapport n'en est pas moins dû.

Il faut rechercher avec soin, d'après les circonstances du fait, ce qu'a entendu faire le *de cujus* en payant la dette de son successible. S'il a voulu faire une donation, le successible ne rapporte que s'il accepte la succession; si c'est un prêt, le rapport est dû même en cas de renonciation.

L'héritier doit rapporter le cautionnement fourni par le défunt, quoique celui-ci n'ait pas payé la dette. Le cautionnement, en effet, est par lui-même un avantage pour l'héritier, puisqu'il permet de trouver plus facilement de l'argent, et une charge pour le *de cujus*, puisque son crédit est diminué et que l'insolvabilité de son successible peut le contraindre à payer la dette. Le débiteur devra à ses cohéritiers la décharge du cautionnement, et nous appliquerions la même solution si c'était en faveur d'un héritier créancier que le défunt eût servi de caution.

Nous avons dit que l'énumération donnée par l'art. 851 est purement énonciative. Ainsi, le rapport est encore dû si un *de cujus* s'est trouvé appelé avec son héritier à une succession, à un legs ou à une communauté, et a renoncé à sa part en faveur de son héritier. Dans notre ancienne législation, tous les auteurs n'admettaient pas ce rapport; les uns soumettaient au rapport la communauté, mais non la succession ou le legs; les autres, au contraire, demandaient le rapport de la succession ou du legs dont l'héritier avait profité grâce à la renonciation de son auteur, mais non de la communauté. Sous l'empire du Code civil, l'accord s'est établi parmi les jurisconsultes, et ils exigent le rapport sans aucune distinction. — Remarquons qu'ici, à cause du principe de la saisine, le *de cujus* n'a pas seulement omis de s'enrichir, comme en droit romain, mais il s'est réellement et effectivement appauvri par sa renonciation. — Si toutefois il avait renoncé à la succession dans un intérêt purement personnel, parce qu'il la croyait onéreuse et mauvaise, le successible ne devrait pas le rapport, même si cette renonciation était devenue avantageuse pour lui.

L'héritier promu à un office ministériel sur la présentation gratuite du *de cujus*, doit le rapport de la valeur de l'office. Mais si un père remplissant un office public, étant magistrat, par exemple, donne sa démission pour faire nommer à sa place un de ses fils, celui-ci ne devra pas de rapport, parce que cette place n'était pas dans le patrimoine du père, et ce n'est pas directement par sa volonté que le fils a été nommé (1). — De même, pas de rapport si le père a renoncé en faveur de son fils à un droit viager, tel qu'un usufruit.

Le rapport a été longtemps exigé de la somme payée par le père pour racheter le fils du service militaire. La loi du 30 avril 1855 substitua l'exonération au remplacement, mais la situation ne changea pas au point de vue du rapport. La loi du 5 février 1868 rétablit le remplacement. Il fallait, d'ailleurs, considérer l'intention du père et non le résultat, d'où le fils devait le rapport même si, ayant été assuré par ses parents, il tirait un bon numéro. La loi du 27 juillet 1872 proclama le principe que tout Français est soldat, donc l'obligation du rapport ne peut plus se présenter ; néanmoins, le passé n'est pas loin, bien des successions s'ouvriront encore auxquelles sera dû le rapport pour le remplacement militaire. — Observons en terminant que le rapport n'était pas dû si le père avait racheté son enfant du service militaire dans son intérêt propre ou dans celui de sa famille, si, par exemple, les bras ou la surveillance de l'enfant étaient nécessaires pour la prospérité d'une exploitation, d'une industrie ou d'un commerce.

B. — *Donations indirectes résultant d'actes où l'héritier est partie.*

Reportons-nous aux art. 853 et 854.

---

(1) Le rapport n'est exigé de l'enfant à qui son père vend sa charge de notaire, que depuis la loi du 28 avril 1816.

L'art. 853 est ainsi conçu : « Il en est de même (c'est-à-dire on n'exige pas le rapport) des profits que l'héritier a pu retirer de conventions passées avec le défunt, si ces conventions ne présentaient aucun avantage indirect lorsqu'elles ont été faites. »

Et l'art. 854 : « Pareillement, il n'est pas dû de rapport pour les associations faites sans fraude entre le défunt et l'un de ses héritiers, lorsque les conditions en ont été réglées par un acte authentique. »

La loi permet fort bien à un héritier de contracter avec celui à qui il doit un jour succéder, mais elle exige que ces contrats soient sincères, et elle permet aux cohéritiers de les attaquer et de demander le rapport des avantages, si ces contrats en ont procuré au successible. Ces contrats sont présumés ne contenir aucun avantage indirect, jusqu'à la preuve contraire qui doit être faite par les cohéritiers. En somme, si un successible traite avec le futur *de cujus*, il peut être forcé au rapport des avantages qu'il trouvera dans le contrat, si ces avantages se produisent de suite et ont leur source dans le contrat.

La vente faite par le défunt à son héritier cache souvent des avantages indirects; ainsi si un père vend pour 10,000 fr. à son fils un immeuble qui en vaut 40,000, le fils sera tenu, à la mort de son père, de rapporter la différence, c'est-à-dire 30,000 fr. Mais si les avantages n'ont pas pour source la vente même, le rapport n'est pas dû; par exemple, un père vend à son fils un immeuble pour sa valeur réelle 30,000 fr.; l'établissement d'une voie ferrée donne dans la suite à l'immeuble une plus-value de 20,000 fr.; l'immeuble vaut 50,000 fr. à la mort du père, cependant le fils ne doit aucun rapport. Le successible ne doit pas non plus de rapport s'il est évident que l'avantage qu'il a retiré du contrat ne vient pas de sa qualité de successible, et que le *de cujus* aurait fait cet avantage à tout autre, si le défunt vend, par exemple, à son héritier pour 50,000 fr. un immeuble dont il aurait pu trouver une somme de 51,000 fr., il y a toujours dans un contrat, même entre étrangers, une partie qui gagne et l'autre qui perd.

On peut encore trouver un avantage indirect dans un échange, un prêt de consommation, et même un commodat, intervenus entre l'héritier et son auteur.

Nous venons de dire que les contrats à titre onéreux sincères sont permis par la loi, quoique l'un des contractants soit le successible de l'autre, pourvu que la convention n'ait présenté, quand elle a été faite, aucun avantage indirect en faveur du successible. On admettra donc dans ces conditions une vente, un bail, un échange, un prêt, sans exiger de rapport. Ainsi, dans le cas où l'héritier est débiteur du *de cujus* au moment de la mort de ce dernier, la somme due ne deviendra pas exigible, si l'échéance n'est pas encore arrivée, et le cours des intérêts ne sera pas modifié. On pourrait pourtant voir dans un intérêt trop minime la preuve d'un avantage indirect.

Supposons qu'un concordat soit intervenu entre un débiteur et ses créanciers, et que parmi ces créanciers se trouve celui dont le débiteur doit hériter, le débiteur devra-t-il rapporter la partie de la dette qui lui a été remise par le concordat?

D'après une première opinion, le failli doit rapporter la totalité de sa dette, même la part dont son auteur lui a fait remise par le concordat. On invoque à l'appui de ce système l'ancien droit français et l'art. 843 du Code civil : on dit que le concordat aboutit à une remise gratuite, à un avantage indirect fait par le défunt au successible, et que l'héritier est alors tenu au rapport; l'art. 843 exige en effet le rapport de tout ce que l'héritier a reçu du défunt. Ce système est trop commode pour les cohéritiers, il met trop facilement de côté l'art. 853 et restreint singulièrement son application; si l'on admet la validité des actes à titre onéreux sincères entre le défunt et son successible, on doit en accepter aussi les conséquences. L'argument tiré de notre ancienne législation ne porte pas; le rapport de la dette était autrefois exigé en totalité parce qu'alors les prêts étaient gratuits et sans intérêts, en sorte qu'il y avait toujours un avantage indirect sur lequel le concordat ne pouvait rien, mais il ne saurait en être ainsi dans notre droit moderne.

Un second système distingue si l'obligation dont l'héritier était tenu avait une cause gratuite ou intéressée de la part du *de cujus;* au premier cas, on exige le rapport de la totalité de la dette, au second, on fait déduction de la remise accordée par le concordat. Un père, par exemple, pour venir en aide à son fils, lui a prêté sans intérêts une somme assez forte : la cause de l'obligation était gratuite, donc toute la dette doit être rapportée, malgré le concordat. Un homme, au contraire, confiant dans les aptitudes commerciales de son frère, lui a prêté une certaine somme à 6 0/0; la remise faite par le concordat ne sera pas rapportable, car la cause de l'obligation était intéressée. Dans ce dernier cas en effet, le rapport de la remise serait, dit-on, injuste, car les actes à titre onéreux doivent produire leurs conséquences entre un successible et son auteur comme entre deux étrangers; or, le concordat est justement une de ces conséquences : cette conséquence doit donc être supportée par le défunt ou plutôt par sa succession. Au contraire, si la cause de l'obligation était gratuite, le rapport de toute la dette est exigible, car il y a eu dans le principe une libéralité, donc le successible s'est engagé et à rendre et à rapporter ; or, le concordat n'a pu le libérer que du premier de ces engagements ; le concordat n'a pas pu changer la nature dé la libéralité.

Enfin un troisième système n'exige le rapport que déduction faite de la remise, et cela sans aucune distinction ; le *de cujus*, dit-on, avait et a conservé le caractère de créancier et non de donateur ; il sera donc traité comme un créancier ordinaire. — C'est à cette dernière opinion que nous croyons devoir nous rallier.

Si·nous supposons que le successible tombe, non plus en faillite, mais en déconfiture, notre solution sera diamétralement opposée ; le successible devra à ses cohéritiers le rapport de tout ce dont il était débiteur envers le défunt, et chacun d'eux prélèvera sur la succession une part égale à celle dont il est créancier dans la dette.

Occupons-nous enfin brièvement des contrats de société. Les conventions à titre onéreux entre un défunt et son successible n'avaient été soumises par l'art. 853 à aucune formalité particulière ; l'art. 854 a posé une exception pour les contrats de société : « Pareillement, dit-il, il n'est pas dû rapport pour les associations faites sans fraude entre le défunt et l'un de ses héritiers, lorsque les conditions en ont été réglées par un acte authentique. » Donc un héritier et le futur *de cujus* peuvent former une société, mais le rapport serait dû pour les associations frauduleuses. La loi, en disant qu'il n'y a pas de rapport si l'association a été faite sans fraude, n'entend pas parler de la quotité disponible ; elle veut dire simplement qu'elle n'exige pas le rapport des avantages que l'héritier a retirés de l'association, si cette association ne présentait aucun avantage indirect au moment de sa confection. c'est-à-dire si elle ne cachait

aucun avantage pour l'héritier. Le mot *pareillement*
prouve que l'article précédent se continue par celui qui nous
occupe.

La loi a craint que le contrat de société ne cachât plus
facilement qu'un autre un avantage indirect, aussi elle a
exigé ici un acte authentique. Quelques auteurs cependant
ont soutenu qu'un acte sous seing privé suffirait s'il avait
été accompagné des formalités dont il est question dans les
les art. 39, 42, 43 et 44 du Code de commerce. Le texte de
l'art. 854 nous semble trop formel pour que nous puissions
admettre cette solution; d'un autre côté, un acte authentique contient toutes les conditions du contrat, il reste entre
les mains du notaire qui l'a dressé et il peut être consulté
par tout le monde; un acte sous seing privé, au contraire,
eût-il même été enregistré et affiché, ne fournit pas toutes
ces garanties, car il peut être détruit; or, l'affiche n'en contient qu'un extrait, et il en est de même de la mention de
l'enregistrement; enfin, l'acte authentique fait par lui-même
foi de sa date, tandis que l'acte sous signature privée n'a
date certaine contre les tiers que du jour où il a été enregistré, ou du jour de la mort de celui ou de l'un de ceux qui
l'ont souscrit, ou du jour où sa substance est constatée dans
des actes dressés par des officiers publics, tels que procès-
verbaux de scellés ou inventaires (art. 1328).

Si donc l'acte d'association n'a pas été passé devant notaire dans la forme authentique, on devra présumer un
avantage indirect, et la preuve contraire ne sera même pas
admise contre cette présomption : le rapport sera dû, car les
contractants, en ne se conformant pas aux prescriptions de
la loi, se sont soumis à tout ce qui pourrait résulter
de leur imprudence. Notons toutefois que la Cour de cassation, tempérant un peu cette solution, exige, tout en dé-

clarant rapportables les profits faits par l'héritier, qu'on lui tienne compte de son industrie et de son travail, qui ont fait prospérer la société. La Cour suprême a été, dans un arrêt du 17 août 1864, jusqu'à accorder au successible le montant total des bénéfices qui lui revenaient dans les produits sociaux.

Nous arrivons maintenant à une question capitale. Les donations entre-vifs cachées sous le masque d'un contrat à titre onéreux et les donations par personnes interposées sont-elles soumises au rapport?

Pour y répondre, il faut nécessairement supposer résolu dans le sens de l'affirmative le point de savoir si de pareilles donations sont ou non valables. Ce point, d'ailleurs, est à peu près universellement admis aujourd'hui.

Certains auteurs soutiennent l'obligation du rapport, et ils trouvent dans la généralité des termes de l'art. 843 un premier argument à leur système; on y lit, en effet : « Tout héritier... doit rapporter à ses cohéritiers tout ce qu'il a reçu du défunt par donation entre-vifs, directement ou indirecte-ment. » Cet article, disent-ils, soumet au rapport toute donation directe ou indirecte, sauf dispense expresse; or, une donation déguisée sous la forme d'un contrat à titre onéreux ou faite par personne interposée est certainement une donation indirecte.

Ce texte, d'ailleurs, n'est pas seul invoqué à l'appui de ce système; l'art. 853 fournit un second argument; on y trouve, en effet, une dispense de rapport pour les profits que l'héritier a pu retirer des conventions passées avec le défunt, si ces conventions ne présentaient aucun avantage indirect lorsqu'elles ont été faites. Donc, dit-on a contrario, les avantages indirects provenant de contrats à titre onéreux sont sujets à rapport s'ils découlent immédiatement du contrat lui-même, et non d'événements postérieurs.

9

L'art. 854 fournit une raison analogue, il est ainsi conçu :

« Pareillement il n'est pas dû de rapport pour les associations faites sans fraude entre le défunt et l'un de ses héritiers, lorsque les conditions en ont été réglées par un acte authentique. » Comment, dit-on, expliquer cet article sans se rallier au système de la nécessité du rapport?

On a dit que les art. 853 et 854 ne visaient que les avantages indirects faits d'une manière *patente;* mais cette explication est en contradiction formelle avec la généralité des termes de ces articles.

On a dit aussi que ces articles n'ont trait qu'aux avantages *prohibés* et que les mots *sans fraude* signifient : sans fraude aux dispositions légales qui règlent la capacité de disposer ou de recevoir à titre gratuit, et qui fixent la quotité disponible (Toullier, Taulier, Marcadé). Mais on fait ainsi d'une question de rapport une question de capacité personnelle ou de réserve, ce qui est une confusion.

Pour d'autres enfin (Aubry et Rau), les mots *sans fraude* signifient seulement que l'affranchissement du rapport cesse lorsque les clauses de l'association, quoique n'étant pas absolument illicites, s'écartent cependant, en faveur du successible, des règles d'équité d'après lesquelles se déterminent d'ordinaire les droits respectifs des associés. — Mais ce système encourt le même reproche que le précédent; il s'agit ici d'une question de rapport et non d'une question de contrat de société. D'ailleurs, si le seul déguisement de la libéralité emporte dispense de rapport, comment expliquer que l'art. 854 exige un acte authentique?

Enfin les partisans du système que nous exposons, prévoyant que leurs adversaires leur objecteront l'art. 918, y répondent à l'avance : il n'y a dans cet article, disent-ils, qu'une disposition exceptionnelle que rien ne permet de généraliser; la solution particulière qu'il donne est expliquée par le caractère équivoque et douteux des trois sortes d'aliénations qu'il prévoit.

MM. Delvincourt, Merlin, Chabot, Grenier, Duranton, Coulon, Demolombe, Zachariæ, ont accordé leur préférence à ce système et divers arrêts s'y sont conformés : Bruxelles, 30 mai 1812; — Grenoble, 10 juillet 1819; — Toulouse, 10 juin 1829; — Paris, 19 juillet 1833; — Nancy, 26 novembre 1834; — Montpellier, 21 novembre 1836; — Limoges, 30 décembre 1837; — Agen, 13 juin 1831.

D'autres auteurs admettent une opinion diamétralement opposée. Les donations déguisées sous la forme d'un contrat à titre onéreux ou faites par personne interposée sont dispensées du rapport. Ils se fondent principalement sur les inconséquences auxquelles conduit le système contraire qui, tout en admettant la validité des donations déguisées sous la forme de contrats à titre onéreux, les soumet cependant à la nécessité d'une dispense expresse de rapport et oblige ainsi le disposant à divulguer le mystère d'une libéralité qu'il a le droit de faire secrètement.

L'argument tiré de l'art. 843 ne leur semble pas sans réponse; ils distinguent les donations indirectes des donations déguisées ou faites par personne interposée; les premières sont celles dans lesquelles le successible n'est pas partie, et les secondes sont des donations, non pas indirectes, mais *sui generis*. Cela posé, ils soutiennent que cet art. 843 ne vise que les donations indirectes. Ils invoquent à l'appui de leur opinion l'art. 1099, qui semble autoriser cette distinction.

L'art. 853, invoqué dans le système opposé, ne leur paraît pas non plus décisif; ils y opposent l'art. 918 dont ils généralisent la disposition : la simulation, disent-ils, ou l'interposition entraîne par elle-même dispense de rapport.

Quant à l'art. 854, on croit le détruire par l'argumentation suivante : Les mots *sans fraude*, s'écrie-t-on, condamnent le système opposé, car il ne pourrait y avoir fraude à faire indirectement ce qu'il est permis de faire directement. — Mais on peut répondre qu'il y a toujours fraude à soustraire une libéralité à la règle du rapport, sans observer la condition sous laquelle seulement le Code autorise l'exception à la règle, c'est-à-dire sans en accorder une dispense expresse.

On argumente, toujours dans le même système, des art. 847 et 849 : on y lit que les donations ou les legs faits au fils ou au conjoint du successible sont réputés faits avec dispense de rapport. Aux yeux de la loi, c'est au successible que la libéralité est faite, puisqu'il est question de rapport ; or, on dispense de ce rapport le successible, c'est-à-dire celui qui est, aux yeux de la loi, le vrai donataire, parce que ce détour seul prouve assez l'intention du donateur. Rien ne s'oppose à ce qu'on généralise ces deux articles.

L'art. 843, ajoute-t-on, exige bien une dispense *expresse* de rapport, mais il est toujours permis de faire indirectement ce qu'on peut faire directement, du moment qu'on agit sans fraude.

Ce système, défendu par Toullier, Malpel, Vazeille, Poujol, Fouët de Conflans, Belost-Jolimont, a été consacré par de nombreux arrêts : Colmar, 10 décembre 1813 ; — Nîmes, 15 mars 1819 ; — Lyon, 22 juin 1825 ; — Bordeaux, 20 juillet 1829 ; — Grenoble, 6 juillet 1821 ; — Toulouse, 7 juillet 1829 ; — Nancy, 25 avril 1833 ; — Caen, 26 mars 1833 ; 4 et 23 mai 1836 ; — Paris, 8 février 1837 ; — Bordeaux, 27 avril 1839 ; — Req. rej. 9 mars 1837.

Il est cependant facile de le combattre victorieusement. La distinction des donations indirectes et des donations dé-

guisées ou faites par personne interposée est purement gratuite; toute donation qui n'est pas directe, qui ne se fait pas
recta via, est indirecte. Pothier, en commentant l'art. 303
de la Coutume de Paris, appelait avantages *indirects* précisément les donations déguisées soit par personne interposée, soit sous le masque d'un contrat à titre onéreux. —
Quelques auteurs vont même jusqu'à dire que le Code,
n'ayant prévu nulle part les donations déguisées, n'a pas
pu, dans l'art. 843, régler leurs effets ni prévoir les cas où
elles seraient ou non rapportables; ce ne serait donc pas
dans le Code, mais en elles-mêmes qu'il faudrait chercher
les conditions de leur existence et le principe de leurs effets.
Quant à nous, nous pensons que le Code n'a pas nommé les
donations déguisées, parce qu'il les a considérées comme
des donations indirectes.

L'art. 918, je l'ai dit plus haut, ne peut pas être généra-
lisé. — Nous savons enfin que l'intention du législateur, en
édictant les art. 847 et 849, était de détruire les présomptions
d'interposition de personnes et non de déclarer qu'on pourrait
prendre une voie détournée pour faire à un successible une
donation avec dispense de rapport. La loi élève dans ces
articles une fin de non-recevoir contre la preuve d'interposition de personnes que l'on voudrait faire dans ces cas
particuliers; c'est donc une disposition particulière qu'il
est impossible de généraliser. Et d'ailleurs, ce détour ne
suppose pas nécessairement l'idée de dispense de rapport; le
disposant peut n'avoir eu pour but que d'éviter ou du moins
de diminuer les droits de mutation, ou bien le donateur a
pu feindre une vente pour éviter de mécontenter ses autres
successibles, pour prévenir entre eux les jalousies et par
suite la désunion.

La jurisprudence, qui semblait se rattacher d'abord au

dernier de ces systèmes, paraît suivre maintenant une opinion intermédiaire. La Cour de cassation ne pense pas que
la circonstance du déguisement ou de l'interposition soit un
motif suffisant pour dispenser du rapport, mais elle en fait
une présomption sérieuse. Elle n'exige plus une dispense
expresse, elle laisse au juge du fait le soin de rechercher
l'intention véritable du donateur et lui permet de la faire
résulter du fait de la simulation joint aux autres circonstances de la cause (Civ. rej., 3 août 1841; — Req. rej.,
20 mars 1843; — Req. rej., 20 déc. 1843; — Civ. rej.,
10 nov. 1852; — Req. rej., 16 juill. 1855; — Civ. rej.,
6 nov. 1856; — Req. rej., 31 déc. 1855; — Nancy,
4 juin 1859; — Req. rej., 18 août 1862). « La jurisprudence est faite, dit M. Troplong; elle examine les cas, elle
pèse les circonstances, elle se prononce pour ou contre la
dispense de rapport, suivant l'impression produite par les
faits sur la conscience des magistrats. »

Plusieurs auteurs, entre autres MM. Demolombe, Aubry
et Rau, refusent de se rallier à ce système. Si les donations
déguisées ou faites par personne interposée, disent-ils, sont
soumises au rapport, c'est qu'elles sont comprises dans la règle
de l'art. 843, § 1. Or, cette règle a une exception unique
posée dans l'art. 843, § 2, et d'après laquelle les donations
peuvent être dispensées du rapport par une déclaration expresse de dispense. Donc les donations déguisées ou faites
par personne interposée ne pourront être dispensées du
rapport que par une déclaration expresse.

Il est impossible d'admettre la première partie de l'art. 843
et de rejeter la seconde, car elles sont inséparablement liées
l'une à l'autre. Cela posé, de deux choses l'une : ou l'art. 843
ne s'applique pas aux donations dissimulées, et alors ces
donations, aucun texte ne les régissant plus, ne sont plus

soumises au rapport; — ou, au contraire, il s'y applique, et alors il faut une déclaration expresse pour les dispenser du rapport. Or, on admet que l'art. 843 régit les donations dissimulées et qu'elles sont soumises au rapport, puisque l'héritier doit rapporter tout ce qu'il a reçu directement ou indirectement, donc la dispense doit être expresse.

La Cour de cassation, tout en reconnaissant que les donations déguisées ou faites par personne interposée sont soumises au rapport, admet pour elles, en ce qui concerne la dispense, une exception au principe général; — mais cette exception ne paraît écrite nulle part.

Ce système d'appréciation, continuent les auteurs de cette argumentation, ce système d'appréciation va introduire l'incertitude et l'arbitraire que le législateur voulait éviter en exigeant une dispense expresse. Il faudra admettre toutes les présomptions, tous les genres de preuve, tous les moyens même puisés en dehors de l'acte qui renferme la simulation. « On en est même venu, dit M. Demolombe, jusqu'à demander à prouver par témoins la volonté que le disposant aurait eue d'accorder la dispense du rapport! » (Cass., 10 nov. 1852).

§ 2. — *Rapport des legs.*

Le rapport des legs est exigé par l'art. 843; le légataire n'effectue pas un rapport, il s'abstient simplement de réclamer son legs. On s'est demandé s'il pouvait exiger que la chose, objet du legs, lui fût remise, à condition qu'il en précomptât la valeur sur sa part. M. Troplong penche vers l'affirmation, M. Demolombe lui accorde ce droit si le rapport est possible en moins prenant, mais dans ce cas-là seulement. Le plus grand nombre des jurisconsultes pense que le legs doit rester dans la succession, et nous nous rallions à cette opinion : nous ne croyons pas, en effet, qu'une autre interprétation soit conciliable avec le texte de l'art. 843, qui défend à l'héritier de *réclamer* le legs. Si l'on objecte que ce legs n'est plus dès lors d'aucune utilité pour le légataire, nous répondrons que le légataire peut pourtant prendre l'objet légué en renonçant à la succession du testateur, s'il croit y trouver un avantage.

§ 3. — *Rapport des dettes.*

L'art. 829 exige que chaque héritier fasse rapport à la masse des dons qui lui ont été faits et des sommes dont il est débiteur.

Ainsi donc, l'héritier rapporte non-seulement les donations et les legs qu'il a reçus du défunt, mais encore les dettes résultant de prêts que celui-ci a pu lui faire, ou de toute autre espèce d'actes passés entre eux.

Les dettes rapportables peuvent être divisées en deux catégories :

1° Celles dont le successible est tenu envers le défunt ; — 2° celles qui sont nées depuis l'ouverture de la succession et dont le successible est tenu envers l'hérédité.

1° Les dettes dont le successible était déjà tenu avant la mort du *de cujus* sont rapportables, quelle que soit leur origine. Ainsi, elles peuvent provenir de contrats à titre onéreux passés entre le défunt et l'un de ses successibles, et être devenues exigibles avant l'ouverture de la succession, elles seront alors rapportables. Dans le cas où la dette serait encore due au moment ue la mort du *de cujus*, il faudrait appliquer les art. 853 et 854, et conserver à l'héritier le bénéfice du terme.

Citons encore les dettes primitivement dues au *de cujus* par un tiers dont le cohéritier est devenu l'ayant cause, le cessionnaire ou le successeur, et celles que le défunt a acquises par cession ou succession contre son successible; mais, ici encore, les dettes non exigibles ne doivent pas être rapportées.

Citons, en troisième lieu, les dettes nées d'un prêt gratuit ou d'un sentiment de bienveillance, les dettes qui n'ont pas eu leur source dans un but de spéculation. Ce sera alors une question de fait, que de savoir s'il y a eu ou non avantage indirect; cette question, on la résoudra en recherchant si le prêt était avec ou sans intérêt, ou si les intérêts étaient élevés, ou si, au moment du prêt, le successible avait ou non besoin d'argent.

Indiquons encore les dettes nées d'un délit ou d'un quasi-délit. Cependant s'il était prouvé qu'un enfant, auteur d'un fait délictueux, a agi sans discernement, la somme payée par ses parents à raison de ce fait ne serait point rapportable, vis-à-vis de ces derniers, car ceux-ci n'auraient fait que payer leur propre dette née d'un défaut de surveillance (art. 1384).

Citons, enfin, les dettes nées d'un quasi-contrat, comme un compte de tutelle ou d'administration légale, ou une gestion d'affaires.

2° Les dettes qui sont nées depuis l'ouverture de la succession et dont l'héritier est tenu envers l'hérédité sont aussi rapportables. Ces dettes peuvent provenir, par exemple, de l'administration séparée des biens héréditaires par un des héritiers, ou bien encore de perceptions de fruits ou de détériorations faites par un des héritiers. Tous les jurisconsultes cependant n'ont pas admis que ces dettes nées depuis l'ouverture de la succession fussent rapportables, quelques-uns ne regardent comme telles que celles qui ont existé envers le défunt. Nous ne croyons pas que ce système soit soutenable en face des art. 828 et 829; le premier, en effet, en déclarant *qu'on procédera aux comptes que les copartageants peuvent se devoir,* se réfère nécessairement au règlement des obligations qui sont nées entre le décès du *de cujus* et le partage de la succession; quant au second, c'est sans distinction qu'il établit que *chaque héritier fait rapport à la masse des sommes dont il est débiteur.*

Le rapport des dettes est soumis aux mêmes règles que celui des donations et des legs. L'héritier débiteur doit à la succession l'intérêt de la somme dont il est débiteur à partir de l'ouverture de la succession; la mort du *de cujus* rend les dettes exigibles de suite. La part héréditaire de l'héritier débiteur est affectée à l'acquittement de ce qu'il doit, en sorte que ses cohéritiers peuvent demander que ce qu'il doit soit précompté sur sa part. — La similitude n'est pas cependant absolument complète; ainsi un donataire ou un légataire peut se soustraire à l'obligation du rapport en renonçant à la succession de son auteur, tandis que le débiteur n'en a pas le droit; — de même encore les créanciers et les légataires ne peuvent pas réclamer le rapport des donations et des legs, mais ils peuvent exiger celui des dettes.

Demandons-nous maintenant si la dette d'un successible est susceptible d'être prescrite. Tout d'abord, est-elle prescriptible avant la mort du *de cujus?* Prenons deux hypothèses : 1° la dette a pour origine un prêt intéressé de la part du *de cujus;* elle sera prescriptible avant l'ouverture de la succession. Quelques auteurs ont essayé de le nier, en disant que la prescription repose sur une remise tacite de la dette; mais cet argument manque de portée, car la prescription a d'autres causes ; elle peut être, par exemple, une présomption légale de payement n'admettant pas la preuve contraire, ou bien encore une peine infligée au débiteur négligent ; 2° si la dette a pour origine un prêt gratuit, le successible est présumé en empruntant s'être engagé à rapporter ; mais c'est une obligation conditionnelle, et la prescription ne court point tant que la condition, c'est-à-dire l'ouverture de la succession, n'est pas arrivée ; la dette n'est donc pas prescriptible.

Après la mort du *de cujus,* la prescription commencée auparavant est inutile, que la dette soit ou non gratuite, car la situation du successible débiteur a changé à l'ouverture de la succession ; il est devenu un copartageant soumis au rapport. L'obligation dont il était tenu a été remplacée par une autre qui sera bien prescriptible ; mais le temps déjà écoulé ne pourra pas être utilement compté pour la prescription.

§ 4. — *Choses dont le rapport n'est pas dû.*

Le Code a consacré à cette matière les art. 852 et 856.

A. — Art. 852.

L'art. 852 est ainsi conçu : « Les frais de nourriture, d'entretien, d'éducation, d'apprentissage, les frais ordinaires d'équipement, ceux de noces et présents d'usage ne doivent pas être rapportés. »

1° Les *frais de nourriture et d'entretien,* tout d'abord, sont dispensés du rapport. La dispense existe sans qu'il y ait à distinguer si le successible est ou non enfant du défunt, s'il est majeur ou mineur, s'il a une fortune personnelle suffisante à ses besoins ou s'il n'en a pas ; on ne doit pas, non plus, prendre en considération le temps pendant lequel ces frais ont été faits. Toutes ces distinctions doivent être rejetées en présence de la généralité des termes de l'art. 852. Cependant, la loi suppose que ces frais ont été faits pendant la vie du défunt, car si le *de cujus* avait réglé par son testament qu'une rente serait fournie à tel de ses héritiers pour subvenir à ses besoins, cette rente, sauf dispense expresse, serait soumise au rapport.

Dans certains cas, la dispense de rapport semble conduire à des résultats peu conformes à l'équité. C'est un père, par exemple, qui reçoit plusieurs années chez lui un de ses fils avec sa femme, ses enfants, ses domestiques, ses chevaux (1). Chabot, Ducaurroy, Bonnier et Roustaing, Massé et Vergé, Zachariæ, Aubry et Rau exigent ici le rapport. — Pour nous, le respect du texte de la loi nous retient; il est impossible d'admettre le rapport sans violer l'art. 852, et puis d'ailleurs, on peut dire que c'est en partie pour lui-même que le *de cujus* s'est entouré d'une famille qu'il aimait. « Il a voulu vivre *lautius* avec ses parents, comme il aurait pu le faire avec des amis, dit M. Demolombe. »

2° Les *frais d'éducation* sont également dispensés du rapport.

Il faut comprendre dans les *frais d'éducation* les livres donnés au successible pour son instruction, sauf s'il s'agissait du don d'une véritable bibliothèque;

Les instruments nécessaires aux sciences qu'il étudie; comme le disait Vinnius, « *instrumenta mathematica, tabulæ aut sphæræ geographicæ, aut similia;* »

Les honoraires des maîtres et professeurs, même de ceux

(1) Il faut supposer que le père n'a pas promis à cet enfant les aliments comme constitution de dot.

qui enseignent les arts d'agrément, l'équitation, l'escrime, le chant, la musique...;

Les frais des voyages que le défunt aurait fait faire au successible, car les voyages sont un des meilleurs moyens d'éducation (Bruxelles, 7 avril 1808) ;

Les frais d'inscription et ceux d'obtention de grades ou diplômes dans les facultés, sans aucune distinction ; nous disons *sans aucune distinction,* car autrefois certains auteurs ne dispensaient du rapport que les frais de licence et y soumettaient ceux du doctorat ; d'autres exigeaient le rapport des frais du doctorat en médecine seulement et non du doctorat en droit ; d'autres, enfin, ne demandaient le rapport des frais du doctorat en médecine que s'il avait été fait à la Faculté de Paris, ces frais y étant bien plus élevés, paraît-il, que dans les autres facultés.

Le motif sur lequel on se fondait autrefois pour établir ces distinctions entre la licence et le doctorat, à savoir qu'à la différence de la licence, le doctorat constitue un établissement, manque complétement d'exactitude ; je laisse parler ici M. Demolombe : « Il faut bien que nous le disions nous-mêmes à nos jeunes disciples ! Le titre de docteur en droit est un grade universitaire, honorable témoignage d'études complètes, mais qui pourtant ne confère par lui-même aucun état ; et quant au diplôme de docteur en médecine, s'il est vrai qu'il autorise celui qui en est pourvu à prendre immédiatement le titre de médecin, la différence est grande et l'intervalle encore souvent bien plus long entre l'obtention de ce titre et l'exercice sérieux et lucratif de la profession ! Et il est encore vrai de notre temps que le diplôme est presque toujours pendant un certain nombre d'années, comme disait Ferrière : *Titulus sine re!* »

Les frais d'éducation seraient-ils rapportables s'ils étaient

hors de proportion avec la fortune du défunt; par exemple
un père de famille, rêvant pour un de ses enfants un bel
avenir, lui sacrifie ses frères, lui fait donner une brillante
éducation, tandis que les autres restent de simples artisans;
ce fils privilégié devra-t-il à ses frères le rapport des
sommes qu'a coûtées son éducation?

Guy-Coquille le croyait, avec la Coutume de Laon;
Chabot, Duranton, Grenier, Zachariæ, Aubry et Rau suivent
encore cette opinion, sauf si l'enfant, sans sa faute, n'avait
pas profité des frais faits pour lui. Lebrun et Pothier semblaient, dans l'ancien droit, d'un avis opposé, et leur opinion paraît s'imposer encore aujourd'hui en face des termes
généraux de l'art. 852. — MM. Taullier, Toulier, Demante
et Demolombe déclarent ces frais non rapportables : telle
était, dit-on, l'intention du défunt, puisqu'il a employé ces
frais à une destination qui est, par sa nature même, exclu-
sive du rapport; puis enfin n'est-il pas juste qu'un père,
découvrant dans un de ses enfants, comme dit Guy-Coquille,
un gentil esprit, un bon et aigu entendement, puisse
lui donner l'instruction réclamée par ses brillantes dispositions? Au point de vue de la conscience, l'enfant devra
sans doute tenir compte à ses frères des avantages qu'il a
ainsi reçus, mais la loi ne peut pas l'y contraindre. D'ailleurs les parents, s'ils croient l'égalité violée par ces
dépenses, pourront toujours la rétablir en disposant expressément par préciput de leur quotité disponible en faveur de
leurs autres enfants dont l'éducation a été moins soignée.

3° Les *frais d'apprentissage* sont aussi dispensés du
rapport; ils rentrent, en effet, dans ceux d'éducation;
l'art. 322 de la Coutume de Reims les visait dans la même
phrase, en dispensant du rapport les deniers déboursés pour
l'institution des enfants, *tant ès arts libéraux que méca-
niques.*

4° Les *frais ordinaires d'équipement* étaient autrefois, en général, dispensés du rapport; les Coutumes de Berry et de Reims faisaient même de cette dispense l'objet d'une disposition spéciale : le Code a suivi cette doctrine. Quant à la somme versée par l'engagé conditionnel d'un an, on pourrait dire peut-être qu'elle n'est qu'un moyen de rachat et qu'elle est dès lors soumise au rapport : il vaut mieux n'y voir cependant que le prix des effets d'équipement et en conséquence la dispenser du rapport (art. 55, loi du 27 juillet 1872).

5° Les *frais de noces*, c'est-à-dire ceux des banquets, festins, réunions qui ont lieu à l'occasion d'un mariage, ne sont pas rapportables, parce qu'ils sont faits moins dans l'intérêt du successible qui se marie que dans celui de sa famille, qui y trouve l'occasion de manifester sa joie et quelquefois d'étaler son luxe.

6° Les *présents d'usage* sont aussi dispensés du rapport. — La place donnée à ces mots, à côté des frais de noces, permet de penser qu'il s'agit encore ici de présents faits à l'occasion d'un mariage. — On dispense du rapport non-seulement les présents faits à des tiers ou au futur époux du successible, mais aussi ceux faits au successible lui-même; toutefois, en ce qui concerne ces derniers, il faut observer une limite, celle que fixe l'art. 851 en soumettant au rapport ce qui a été employé pour l'établissement d'un des cohéritiers.

Dès lors, faudrait-il soumettre au rapport les vêtements, bijoux, diamants, draps, serviettes..., donnés au futur époux, en un mot son *trousseau?* Pothier et Guy-Coquille les y soumettaient, de même que les Coutumes de Noyon, art. 16, — de Sens, art. 268, — de Reims, art. 322, — de Châlons, art. 105, — de Melun, art. 207. Au contraire, d'Argentré et Lebrun ne faisaient rapporter que les *habits*

solennels et de parade. Loysel, dans ses *Institutes coutumières.* dispensait même du rapport *tous les dons de
noces en meubles.* — De nos jours, un arrêt de la Cour
de Paris, du 15 janvier 1853, a déclaré qu'un trousseau
ne peut être compris dans les présents d'usage que l'art. 852
dispense du rapport. — De nombreux jurisconsultes pré-
fèrent y voir une question de fait et d'interprétation.
MM. Duranton, Belost-Jolimont, Poujol, Demolombe, Massé
et Vergé, Zachariæ, Aubry et Rau recherchent la volonté
du défunt et le caractère qu'il a entendu imprimer à sa libéralité; ils examinent les circonstances, ils comparent la valeur
des objets ainsi donnés à la fortune du disposant et recherchent
les formes et les termes de la libéralité. Ainsi, une remise
de la main à la main, sans aucune mention dans le contrat
de mariage, serait présumée un simple présent d'usage; il
faudrait y voir, au contraire, une constitution dotale, si le
disposant avait exprimé dans le contrat de mariage son
intention de faire entrer tous ces objets dans la composition
de la dot (Paris, 18 janv. 1825; — Grenoble, 26 août 1846;
— Paris, 15 janv. 1853).

Notons que les présents d'usage seront toujours dispensés
du rapport sans qu'il y ait à rechercher s'ils ont précédé
ou suivi la célébration du mariage, pourvu qu'ils n'en soient
pas séparés par un intervalle trop long (Req. rej., 6 juin
1834).

Comme présents d'usage, il faut encore citer, indépen-
damment de ceux qui sont faits à l'occasion des mariages,
les étrennes du jour de l'an, les cadeaux au sujet de l'anni-
versaire d'une naissance, etc., et les *étrennes, épingles
ou pot de vin,* sommes modiques stipulées par un père au
profit d'un de ses enfants dans les contrats qu'il passe avec
des tiers.

La Cour de Bourges, dans un arrêt du 8 février 1845, a jugé que les déboursés et honoraires d'un contrat de mariage, payés par les père et mère du futur, sont sujets à rapport.

Recherchons maintenant quels motifs ont poussé le législateur à édicter l'art. 852.

On conçoit fort bien que les frais de nourriture et d'entretien faits par un ascendant au profit de son descendant, ou réciproquement, ne puissent pas être soumis au rapport, puisque ce qui semblait ici un don n'était, en définitive, que le payement d'une dette.

Mais ces mêmes frais faits par d'autres qu'un descendant ou un ascendant, et les frais d'éducation, d'apprentissage, d'équipement, de noces, n'étaient nullement obligatoires pour celui qui les a acquittés; le *solvens* a donc fait, en réalité, une donation; or, une donation est ordinairement rapportable, pourquoi celle-ci ne l'est-elle pas? Elle ne l'est pas, répondrons-nous, parce qu'il eût été trop dur de demander à l'héritier le rapport de frais qui ne lui ont procuré finalement aucune augmentation de patrimoine; puis ces dépenses sont supposées prises sur les revenus et non pas sur le capital; les autres héritiers n'en souffrent pas, car si le *de cujus* n'avait pas employé ses revenus de cette manière, il aurait vécu plus largement, *lautius vixisset*, et sa succession n'y aurait rien gagné.

MM. Valette et Mourlon critiquent ce second motif; d'après cette explication, disent-ils, il ne serait pas dû de rapport, contrairement au texte de l'art. 851, si le père avait payé avec ses revenus les frais visés dans cet article; si, au contraire, pour payer les frais énumérés dans l'art. 852, le père prenait sur son capital, le rapport serait dû en violation de cet article.

Mais ce raisonnement n'est pas sans réplique : nous n'en-

10

tendons pas poser en principe que tout ce qui est payé avec les revenus n'est pas sujet à rapport et que tout ce qui est pris sur le capital est rapportable; nous disons seulement que le législateur, considérant que les frais visés par l'art. 852 sont ordinairement payés avec le revenu, a statué d'après le *plerumque fit*, et les a déclarés non rapportables.

L'art. 852 pourrait encore être justifié par une autre considération. La loi suppose au *de cujus* la volonté de soustraire au rapport les dépenses dont il est question dans cet article, car elles sont souvent modiques, elles ont lieu souvent aussi au profit de chacun des successibles, et lors même qu'il n'en serait pas ainsi, peut-on supposer que le *de cujus* eût voulu mettre un tel sujet de discorde entre ses héritiers? Ajoutons que ces dépenses auront souvent été méritées par le dévouement et les soins du successible envers le défunt, il faudrait donc, ce qui serait impossible, estimer aussi ces soins et ce dévouement.

B. — Art. 856.

Cet article est ainsi conçu : « Les fruits et les intérêts des choses sujettes à rapport ne sont dûs qu'à compter du jour de l'ouverture de la succession. » Cet article comprend ainsi deux dispositions; une disposition directe : le successible donataire doit rapporter les revenus de la chose qu'il avait reçue, à partir du décès de son auteur; — et une disposition induite *a contrario* de la première : les fruits et les intérêts des choses rapportables profitent au donataire jusqu'à l'ouverture de la succession du *de cujus* et ne sont point sujets à rapport.

Nous voyons donc qu'il existe une grande analogie entre la situation d'un donataire non préciputaire et celle d'un usufruitier : tous deux, en effet, sont obligés de rendre un

jour la chose reçue; chacun garde les fruits perçus et n'acquiert pas ceux qui sont encore pendants par branche ou par
racine; chacun enfin conserve une partie des fruits civils
proportionnelle au temps de sa jouissance.

Recherchons maintenant sur quels motifs repose l'article 856.

Sans cet article, a-t-on dit, la donation ne procurerait
aucun avantage, elle serait, au contraire, un danger, car le
donataire deviendrait un dépositaire responsable. Ce motif
est sérieux, mais il y en a d'autres cependant qui nous sa-
tisfont davantage : le donataire, dirons-nous, n'ayant reçu
que le fonds, ne devra rapporter que le fonds, car on ne
rapporte que ce que l'on a reçu; puis les fruits et les intérêts se dépensent ordinairement au jour le jour, par conséquent le donateur, s'il les avait eus, aurait vécu plus
largement, et sa succession ne s'en serait pas trouvée plus
opulente.

On a longtemps discuté et on discute encore sur le point
de savoir si le successible auquel le *de cujus* a promis une
rente ou a donné la jouissance d'un immeuble sans constitution d'usufruit, devra le rapport. Dans l'ancien droit, un
assez grand nombre d'auteurs inclinaient à admettre l'obligation de rapporter les revenus de la rente ou les fruits de
l'immeuble. Quoique cette opinion soit encore soutenue de
nos jours, nous n'hésitons pas à la repousser. On nous
objecte l'art. 856 dont le texte, dit-on, est contre nous;
car ce qui a fait l'objet de la donation ici, ce sont précisément les intérêts de la rente ou les fruits de l'immeuble.
Nous répondrons que l'esprit de l'art. 856 est pour nous,
peut-être même son texte et assurément les principes, car il
y a une différence à faire entre l'objet de la donation qui
est le droit à la rente ou aux fruits de l'immeuble, droit qui

sera rapportable selon l'art. 843, et les fruits ou revenus provenant de l'exercice du droit, lesquels ne seront pas rapportables, en vertu de l'art. 856.

Il faudra certainement tenir compte parfois de la volonté du *de cujus*, il faudra considérer si la soi-disant rente n'est pas le payement d'un capital en un certain nombre d'annuités, mais notre solution n'en est pas moins exacte, car alors il n'y aura plus don d'une rente, mais d'un capital rapportable.

Tout ce que nous venons de dire s'applique *a fortiori* au don d'une rente ordinaire, qu'elle soit perpétuelle ou viagère, et à celui d'un usufruit. Le donataire devra rapporter la rente, c'est-à-dire le droit aux arrérages ou l'usufruit, c'est-à-dire le droit aux fruits de la chose. On objecte que l'usufruitier donataire se trouvera exactement dans la même position que si on lui avait donné la pleine propriété, et que cela n'est pas juste, car un plein propriétaire doit avoir plus de droits qu'un usufruitier. Nous admettons très-bien ce raisonnement, mais en quoi les droits du plein propriétaire sont-ils supérieurs à ceux de l'usufruitier? C'est en ce qui concerne l'immeuble en lui-même, c'est quant au *jus abutendi*, mais quant aux fruits, le droit du plein propriétaire est exactement le même que celui de l'usufruitier, sauf peut-être quelques modifications de détail; or, nous avons ici une question de fruits à résoudre, il est donc parfaitement logique que nous mettions le propriétaire et l'usufruitier exactement sur la même ligne.

Quant à la manière dont les fruits doivent être rapportés, il faudra appliquer pour les fruits industriels l'art. 585 et pour les fruits civils l'art. 586; pour les fruits industriels, il faudra tenir compte au donataire de ses frais de labour et de semence.

Le donataire peut-il réclamer après l'inventaire de la

succession les fruits civils ou les intérêts échus et non
encore payés par le défunt? Cette question donnait lieu
autrefois à une foule de distinctions auxquelles la rédaction
de l'art. 856 ne permet plus de revenir; le donataire pourra
toujours réclamer les intérêts ou les fruits civils qui lui
seront dus. Mais, dit-on, la présomption qui fait en général
dispenser ces frais du rapport n'existe pas ici; il n'y a pas
à craindre, en effet, de ruiner le donataire en lui faisant
rapporter des fruits qu'il a consommés, puisqu'il ne les a pas
même reçus. Nous répondrons que peut-être le retard dans
le payement des intérêts a fait contracter des dettes au donataire, il serait donc injuste de le priver d'un bien sur
lequel il a compté. Nos anciennes Coutumes lui accordaient
les revenus de la dernière année, mais cette distinction n'est
plus admissible sous l'empire du Code : le mieux est de tout
lui accorder.

S'il était prouvé cependant que le *de cujus* n'a laissé s'ac-
cumuler les arrérages que pour faire fraude à la loi en faveur
d'un de ses héritiers, en lui laissant à son décès un capital
considérable non soumis au rapport, l'art. 856 ne serait pas
applicable et le rapport serait dû. Il serait également dû si
le défunt n'avait pas exigé de quittances lors du payement
des arrérages de la rente, afin que l'héritier pût se les faire
payer en bloc une seconde fois à la mort de son auteur.

SECTION V.

COMMENT S'EFFECTUE LE RAPPORT?

Aux termes de l'art. 858, le rapport se fait *en nature*
ou *en moins prenant. En nature,* quand la chose elle-
même, qui faisait l'objet de la libéralité, est remise dans la

succession pour être partagée avec le reste entre tous les héritiers; *en moins prenant*, quand l'héritier gratifié garde la chose par lui reçue et ne vient à la succession que pour obtenir le surplus de sa part héréditaire, les autres héritiers prélevant chacun une part égale à la valeur de l'objet donné.

En ce qui concerne les donations entre-vifs, l'art. 858 est parfaitement exact : le rapport se fait en nature quand l'héritier donataire remet dans la succession la chose donnée, qui est ensuite tirée au sort avec les autres biens entre tous les cohéritiers; il se fait en moins prenant quand on retranche de la part du donataire la valeur de ce qu'il a reçu, ou quand on ajoute cette valeur à la part de chacun des autres; ce rapport en moins prenant n'est cependant possible que si la valeur de la donation n'est pas supérieure à une part héréditaire. Mais pour les legs, le rapport s'effectue toujours en nature, malgré les termes de l'art. 858; l'héritier laisse toujours dans la succession la chose léguée, et elle est comprise dans le partage.

SECTION VI.

QUELS SONT LES EFFETS DU RAPPORT ?

Examinons les effets du rapport sous deux paragraphes différents : 1° en ce qui concerne les donations entre-vifs; — 2° en ce qui concerne les legs.

§ 1er. — *Effets du rapport en ce qui concerne les donations entre-vifs.*

Une sous-distinction est ici nécessaire, car le rapport peut avoir pour objet des immeubles ou des meubles.

I. — Rapport d'immeubles.

En principe, le rapport des immeubles s'effectue en nature : le donataire ne peut offrir la valeur de ce qu'il a reçu si les cohéritiers s'y opposent. La plupart des Coutumes l'avaient ainsi admis : la Coutume d'Orléans, par exemple, s'exprimait en ces termes : « Le rapport des immeubles se fait en essence et en espèce. » Ce principe est rationnel et il maintient l'égalité dans les partages.

Si l'immeuble doit être réuni à la masse héréditaire, il en résulte que le donataire n'en a été propriétaire, du vivant de son auteur, que sous la condition résolutoire qu'il le rendrait s'il devenait héritier; or, les art. 1183 et 1184 nous apprennent qu'un propriétaire sous condition résolutoire est censé ne l'avoir jamais été si la condition vient à se réaliser. De cette règle découlent trois conséquences que nous nous proposons maintenant de développer.

Première conséquence. — Quand un bien immobilier a été donné à un héritier et qu'il périt fortuitement, avant ou après l'ouverture de la succession, la perte en est supportée par l'hérédité, car sans la libéralité les héritiers n'en seraient pas plus riches, la perte serait également survenue. D'ailleurs, si l'immeuble a péri par cas fortuit avant l'ouverture de la succession, on comprend que le donataire soit complétement libéré, puisque l'obligation du rapport n'aura pas pu naître faute de cause; et s'il a péri après, on conçoit également la libération du donataire, car il était débiteur envers la succession, et *debitor corporis certi liberatur interitu corporis.*

Par cas fortuits, il faut entendre les événements non prévus et que ne peut éviter même un bon père de famille.

tels qu'un incendie allumé par la foudre ou communiqué par une maison voisine, un tremblement de terre, une inondation.

Plaçons-nous dans l'hypothèse d'un incendie, supposons que l'héritier donataire fût assuré, et demandons-nous s'il doit rapporter l'indemnité que lui a payée la compagnie d'assurances. Au premier abord, la réponse semblerait devoir être affirmative, mais la solution contraire est cependant préférable, elle est la seule rationnelle, car l'indemnité payée par la compagnie n'est pas le prix de la chose assurée, mais la représentation des risques que l'assuré a courus en payant chaque année des primes qui eussent été soldées en pure perte si le sinistre n'avait pas eu lieu.

Deuxième conséquence. — En matière de rapport immobilier, les biens se réunissent à la succession francs et quittes de toutes charges créées par le donataire (art. 865). Ainsi, si le donataire a constitué un usufruit, un droit d'usage, une servitude, une hypothèque, tous ces droits s'éteignent au moment du rapport. Cette solution est logique, car le donataire est censé n'avoir jamais été propriétaire de l'immeuble qui lui avait été donné; il a donc toujours été impuissant à conférer un droit quelconque sur cet immeuble, d'après les principes : « *Nemo dat quod non habet. — Resoluto jure dantis, resolvitur jus accipientis.* » Si, par l'effet du partage, le donataire reprend l'immeuble, les droits qu'il a consentis aux tiers subsisteront, puisqu'il est dès lors censé avoir toujours été propriétaire de cet immeuble. On objecte que la qualité de propriétaire s'est évanouie au jour du rapport, et que par conséquent le donataire ne peut pas être considéré comme ayant été propriétaire au jour de la constitution du droit réel. Mais cette objection n'est pas fondée; on la détruit

aisément en faisant observer que le droit du donataire n'a
été résolu que dans l'intérêt de ses cohéritiers.

L'art. 865 dispose, dans sa dernière partie, que « les
créanciers ayant hypothèque peuvent intervenir au partage
pour s'opposer à ce que le rapport se fasse en fraude de leurs
droits. » Ce droit d'intervention donné aux créanciers vient
de ce qu'ils ont intérêt à ce que le tirage au sort soit effectué
suivant les prescriptions légales; une entente frauduleuse
pourrait leur enlever la chance qu'ils ont de voir tomber
dans le lot de leur débiteur l'immeuble sur lequel a été
constitué leur droit. Les créanciers assisteront donc au
partage, afin d'empêcher qu'il ne soit donné à leur débiteur
des valeurs mobilières faciles à cacher, tandis que les immeubles entreraient dans les lots de ses cohéritiers. Ce droit
d'intervention appartient à tous les créanciers en général,
même chirographaires; car ils ont tous intérêt à ce que le
partage ne soit pas effectué de manière à leur nuire; les
créanciers hypothécaires ont, en outre, une chance favorable
qui leur est particulière, c'est de voir rentrer dans les mains
de leur débiteur, par l'effet du sort, l'immeuble qui avait
été rapporté.

Troisième conséquence. — L'héritier donataire a droit
de se faire tenir compte des impenses qu'il a faites pour la
chose donnée; il est aussi comptable des détériorations.

Supposons que l'immeuble donné ait acquis une plus-value
considérable, grâce à une cause purement fortuite; supposons, par exemple, que la création d'une voie ferrée ait
élevé sa valeur de 50,000 fr., l'héritier ne pourra rien réclamer à l'ouverture de la succession, car la valeur de
l'immeuble eût également augmenté pour la succession,
s'il n'avait pas été donné.

Si la plus-value peut être revendiquée par le donataire,

il a droit de demander qu'on lui tienne compte de ses
déboursés. La loi et les auteurs distinguent à ce point de
vue trois sortes de dépenses : 1° les dépenses nécessaires
faites par le donataire pour la conservation de la chose, et
dont il devra toujours lui être tenu compte, encore qu'elles
n'aient point amélioré le fonds (art. 802) ; — 2° les dépenses
utiles qui, sans être commandées par la nécessité, ont amélioré la chose, et dont il doit être tenu compte au donataire
eu égard à ce dont la valeur de l'immeuble s'en trouve
augmentée au temps du partage (art. 861) ; — 3° les
dépenses voluptuaires qui ont été faites par le donataire
dans son propre intérêt, mais sans que l'immeuble en ait
aucunement profité; la succession ne devra jamais tenir
compte à l'héritier de ces dépenses; on lui permettra
seulement d'enlever ce qui lui appartient, pourvu qu'il le
fasse *sine detrimento rei.*

Quant aux dégradations qui ont diminué la valeur de
l'immeuble, on ne doit pas s'en occuper si elles sont dues au
hasard, et l'héritier rend l'immeuble dans l'état où il se
trouve; si c'est, au contraire, l'héritier qui a détérioré
l'immeuble, il en est pécuniairement responsable, et est tenu
de payer la moins-value (art. 803).

Quand l'héritier est créancier pour ses impenses ou
débiteur pour ses détériorations, il y a un compte à régler
entre lui et la succession. Les intérêts, s'il est créancier, lui
sont dus à partir de l'ouverture de la succession, et il les
doit depuis le même moment, s'il est débiteur.

Le cohéritier auquel une indemnité est due pour améliorations trouve dans l'art. 867 une garantie qui lui assure
son payement. « Le cohéritier, y lit-on, qui fait le rapport
en nature d'un immeuble, peut en retenir la possession
jusqu'au remboursement effectif des sommes qui lui sont
dues pour impenses ou améliorations. »

Cet article est une application du droit de rétention, et il n'est que l'expression d'une règle d'équité, d'après laquelle on ne doit pas contraindre l'une des deux parties à exécuter son obligation tant que l'autre ne veut pas remplir la sienne.

Nous avons posé en principe, au commencement de cette section, que le rapport d'immeubles s'effectue en nature. Cette règle cependant n'est pas sans exceptions; le rapport immobilier, en effet, s'effectuera quelquefois en moins prenant : il nous reste à rechercher quand il en sera ainsi.

Dans les cas exceptionnels où le rapport n'a pas lieu en nature, tantôt il se fait nécessairement en moins prenant, tantôt facultativement seulement.

1° *Cas où le rapport immobilier se fait nécessairement en moins prenant.*

Ces cas sont au nombre de deux :

A. — Quand l'immeuble a péri par la faute ou par le fait du donataire ou de ses représentants. Quelques auteurs pensent que la valeur à rapporter serait le prix qu'aurait valu l'immeuble lors du partage s'il n'eût point été détruit; pour eux, l'art. 860 ne doit pas être étendu hors du cas spécial qu'il prévoit. Nous préférons nous rallier à l'opinion opposée et dire que le rapport sera de la valeur de l'immeuble au jour de l'ouverture de la succession.

On s'est demandé si, dans l'hypothèse d'un incendie survenu sans que l'on puisse en découvrir la cause dans la maison faisant l'objet de la libéralité, le donataire devrait toujours le rapport en moins prenant (arg. de l'art. 1733). Il faut faire une distinction. Si le donataire avait loué la maison et s'il avait agi en bon père de famille dans le choix de ses locataires, nous pensons qu'il ne devrait rapporter que l'action à lui donnée par l'art. 1733. Mais, au contraire, s'il habitait la maison, l'art. 1733 ne devrait pas être appliqué par analogie, et ce serait une question de fait de savoir si l'incendie tient ou non à cause fortuite.

B. — Quand le donataire a aliéné l'immeuble avant la mort du donateur (1) (art. 859). Ce second cas est une dérogation évidente aux principes ordinaires. Au point de vue de la logique, la maxime : *Resoluto jure dantis, resolvitur jus accipientis*, devrait recevoir, ici comme ailleurs, son application. On a voulu expliquer cette dérogation. Si, a-t-on dit, on avait appliqué ici les principes rigoureux du droit, on aurait porté une atteinte profonde à la circulation des biens ; personne n'eût plus osé acheter des biens donnés ; ils se seraient ainsi trouvés mis hors du commerce. La loi n'a pas voulu faire obstacle à la transmission de la propriété ; elle a sacrifié le rapport en nature pour ne pas jeter le discrédit sur la propriété foncière, en forçant l'acquéreur à rechercher péniblement dans chacune de ses acquisitions si l'immeuble, qui en fait l'objet, ne pourra pas être un jour soumis au rapport. Elle a voulu lui donner la sûreté et la garantie sans lesquelles la propriété ne peut pas vivre. L'art. 860 contient une exception au principe que nul ne peut transférer plus de droits qu'il n'en a lui-même, mais ce principe a dû céder devant des considérations plus hautes.

Cette explication ne nous satisfait pas pleinement, car elle devrait s'appliquer aussi à la constitution des autres droits réels. Or, l'art. 860 ne s'applique qu'à l'aliénation de la propriété ; si d'autres droits réels ont été consentis par le donataire sur l'immeuble, tous ces droits réels devront être anéantis lors de l'ouverture de la succession (art. 865).

(1) Peu importe que l'aliénation ait eu lieu à titre onéreux ou à titre gratuit.

Disons plutôt que le Code a édicté la règle irrationnelle qui nous occupe, parce qu'il a trouvé des précédents dans notre ancienne jurisprudence. Nos Coutumes, qui cependant désiraient la conservation des biens dans les familles, avaient déclaré ici l'aliénation définitive.

Le donataire tiendra compte à la succession, non pas du prix d'aliénation de l'immeuble, ni de la valeur de l'immeuble au jour de l'aliénation, mais de sa valeur à l'ouverture de la succession; d'où, si le prix d'aliénation a été inférieur à la valeur de l'immeuble au jour de l'ouverture de la succession, l'héritier sera en perte; il gagnera au cas contraire. La succession se trouvera dans la même situation que si l'immeuble était resté aux mains du donataire. Quant à l'acquéreur, il sera à l'abri de tout recours et il n'aura jamais à craindre une éviction, lors même que le donataire serait insolvable. On peut supposer que le bien donné est plus considérable que la part héréditaire de l'héritier, mais que ce dernier l'ayant vendu accepte cependant la succession, et ne peut effectuer le rapport à cause de son insolvabilité. Si la quotité disponible n'a point été dépassée et qu'il n'y ait point, par conséquent, lieu à réduction, l'acquéreur sera en droit de garder l'immeuble, car les héritiers ne devaient pas espérer que le rapport en serait dû; en effet, l'intérêt de l'héritier donataire était de refuser la succession, et s'il ne l'a pas fait, c'est peut-être pour nuire à l'acquéreur et de connivence avec ses cohéritiers.

Aux termes mêmes de l'art. 860, l'aliénation survenue après l'ouverture de la succession serait nulle, car l'immeuble, une fois rentré dans la succession, ferait partie de la masse partageable; or, toute aliénation qu'en peut faire un héritier est nulle en vertu de l'art. 883.

Si l'immeuble aliéné a péri par cas fortuit avant l'ouverture de la succession, l'héritier est totalement déchargé du rapport : il n'acquiert pas, en effet, cet avantage aux dépens de la succession, car l'immeuble eût également péri aux mains du donateur. Mais si l'immeuble n'a péri qu'après le décès du *de cujus*, le donataire doit le rapport en moins prenant d'une valeur égale à celle qu'avait l'immeuble à l'ouverture de la succession, parce qu'à cette époque il y a eu novation de la dette de l'héritier; sa dette, qui avait pour objet un corps certain, s'est transformée en une dette de somme d'argent que le cas fortuit ne peut atteindre.

Si l'acquéreur de l'immeuble aliéné vient à le dégrader, l'héritier doit-il en tenir compte à la succession? Oui, car il importe peu aux cohéritiers que la diminution de la valeur de l'immeuble soit due au fait de leur cohéritier ou à celui de son ayant cause. Une solution analogue devrait être donnée, et la succession devrait être considérée comme débitrice envers l'héritier, dans le cas d'améliorations survenues par le fait de l'acquéreur.

A quel moment faut-il se reporter pour apprécier la plus ou moins-value de l'immeuble? L'art. 864 ferait croire qu'il faut se reporter au moment du partage, mais nous pensons qu'on doit suivre plutôt l'art. 860 et remonter au jour de l'ouverture de la succession.

Notons en terminant que tout ce que nous venons de dire ne s'applique qu'aux aliénations volontaires. Pour les aliénations forcées, telle qu'une expropriation pour cause d'utilité publique, l'héritier rend seulement la somme qu'il a réellement reçue; mais il la doit, en revanche, même si l'immeuble a péri fortuitement avant la mort du défunt.

2° Cas où le rapport immobilier peut facultative-ment se faire en moins prenant.

Ces cas sont au nombre de trois :

A. — Quand l'immeuble n'ayant pas été aliéné par le donataire, il y a dans la succession d'autres immeubles de même nature, valeur et bonté, dont on peut former des lots à peu près égaux pour les autres cohéritiers (art. 859). La loi, tout en respectant le droit des cohéritiers, tel que l'a fixé l'art. 826, dispense le donataire d'un rapport en nature inutile ; car il ne pourrait donner lieu qu'à un circuit d'actions, puisqu'on ne retirerait le bien au donataire que pour le lui redonner, ou du moins pour lui en donner un semblable. Si une différence existait entre les lots, on aurait recours à une soulte en argent, que payerait l'héritier dont le lot serait plus considérable.

B. — Quand le don ayant été fait avec dispense de rapport et le bien donné n'étant pas commodément partageable, la quotité disponible excède la moitié de la valeur de l'immeuble.

Supposons que le *de cujus* ait donné un immeuble à l'un de ses héritiers avec dispense de rapport, mais que ce don surpasse la quotité disponible, comment le rapport devra-t-il avoir lieu ? L'art. 866 répond à cette question : Si l'immeuble donné est facilement partageable, l'héritier gardera l'objet donné dans les limites de la quotité disponible, et le surplus rentrera en nature dans l'actif de la succession. Si, au contraire, le partage de l'immeuble est impossible, on applique la règle : « *Major pars trahit ad se minorem;* » l'excédant est-il de plus de moitié de la valeur de l'immeuble, le donataire devra rapporter l'immeuble en totalité, sauf à prélever sur la masse la valeur de la portion disponible;

cette portion excède-t-elle, au contraire, la moitié de la valeur de l'immeuble, le donataire pourra retenir cet immeuble en totalité, sauf à moins prendre et à récompenser ses cohéritiers en argent ou autrement (art. 866).

Cet article doit être restreint au cas spécial qu'il prévoit; il ne faut pas l'appliquer au cas où la donation aurait été faite à un étranger ni à celui où le successible aurait renoncé à la succession. Dans sa seconde partie, en effet, il déroge au droit commun, puisqu'il prive les cohéritiers d'une partie de leur réserve en nature, tandis qu'on devrait régulièrement avoir recours à une licitation.

Enfin, si les deux portions, diponible et indisponible, sont égales, si la quotité disponible n'est ni supérieure ni inférieure à la moitié de la valeur de l'immeuble, nous croyons que le droit commun doit reprendre son empire : on aura donc recours à une licitation; l'immeuble sera vendu et le prix en sera partagé. Quelques auteurs cependant appliquent encore ici l'art. 866 et décident par analogie que l'immeuble appartiendra à la succession ou au donataire, selon que l'un ou l'autre y aura plus ou moins d'intérêt.

C. — Quand telle a été la volonté du défunt.

La question de savoir si le défunt à eu réellement l'intention de dispenser son héritier du rapport en nature devra se juger d'après les circonstances : il faudra tenir compte des termes et des clauses de l'acte; car il serait facile de confondre le cas où le défunt a donné à son héritier le choix entre le rapport en nature et le rapport en moins prenant, avec celui où il lui a donné l'immeuble d'une façon incommutable à condition de payer à la succession une somme fixe et déterminée. Les conséquences peuvent être fort différentes, selon ce qu'aura statué le *de cujus*.

II. — Rapport de meubles.

Le rapport des meubles s'opère toujours en moins prenant ; d'où cette conséquence que les cohéritiers du donataire ne peuvent le contraindre à rapporter la chose elle-même, et que d'un autre côté, le donataire ne peut pas imposer à ses cosuccessibles une remise en nature. — Cette nouvelle règle s'explique par les caractères de la chose donnée, car outre qu'il y a certains meubles qui se consomment par le premier usage, presque tous se détériorent plus ou moins avec le temps ; le rapport en nature eût été illusoire pour l'hérédité et le donataire en eût eu tous les profits. Il eût été, d'ailleurs, extrêmement difficile de savoir si les détériorations venaient ou non d'un cas fortuit.

Il résulte de ce principe que, si le donataire d'un immeuble est propriétaire sous condition résolutoire, le donataire d'un meuble est, au contraire, propriétaire incommutable : par conséquent, au lieu d'être libéré, comme le donataire d'immeuble, par la perte fortuite des choses données, il reste toujours comptable de leur valeur au jour de la donation. Cette valeur est déterminée par l'état estimatif qui doit être annexé à l'acte de donation. Il peut se faire que cet état estimatif fasse défaut, soit qu'il ait été perdu, soit qu'on n'en ait pas dressé, comme pour une donation manuelle ; dans ce cas, la valeur de la donation sera déterminée « d'après une estimation par experts, à juste prix et sans crue » (art. 868).

Nous disions à l'instant que le donataire de meubles était responsable de toute perte ou de toute détérioration de l'objet donné ; si cependant le donateur s'en était réservé l'usufruit ou en avait gratifié un tiers, la solution ne pourrait plus être la même, car le donataire ne peut pas être tenu

11

de détériorations dont il n'est évidemment pas l'auteur : nous croyons qu'il ne devra dans ce cas le rapport que de la valeur du mobilier à l'époque où l'usufruit a pris fin.

Le rapport en moins prenant s'applique sans aucune difficulté aux meubles corporels, mais pour les meubles incorporels la question est plus délicate, quoique selon nous, la solution doive être la même. Un père donne une créance à son fils et le débiteur devient insolvable : si le rapport se fait en nature, le fils rend purement et simplement le titre de créance qui n'a plus aucune valeur; s'il s'effectue, au contraire, en moins prenant, le fils perd le montant de la créance. Nous croyons que le rapport s'opérera encore en moins prenant.

On nous objecte l'art. 868. Ce texte, dit-on, en exigeant la formalité d'un état estimatif, prouve qu'il se place dans l'hypothèse d'une donation de meubles corporels, car les donations de meubles incorporels n'ont pas besoin d'être accompagnées d'un état estimatif. Puis, continue-t-on, le rapport des meubles s'effectue en moins prenant parce qu'ils se détériorent vite et facilement; or, cette explication ne peut s'appliquer qu'aux meubles corporels.

Nous répondrons à ces objections que l'art. 868 parle du rapport du mobilier en termes généraux et que ce mot, d'après l'art. 535, comprend tous les meubles par opposition aux immeubles. D'ailleurs, le Code a réglementé séparément ces deux classes de biens dans la matière qui nous occupe : il a parlé des immeubles dans les art. 859-867, et il a visé les meubles, dans les art. 868 et 869. Ces deux derniers textes concernent donc tous les meubles en général. En outre, à supposer qu'on ne puisse pas dresser d'état estimatif pour les donations de meubles incorporels, la première partie de l'art. 868, qui s'occupe des meubles en général, leur sera néanmoins applicable, sauf à restreindre la seconde au seul mobilier corporel. On prendra, toutefois, à cette seconde partie la règle d'après laquelle le rapport se fait de la valeur qu'avait le mobilier au moment de la donation. Cette règle est conforme et au texte et aux principes : le donataire, en effet, doit veiller sur les biens donnés, puisqu'il en est devenu propriétaire incommutable ; il doit les vendre, si les fonds baissent, sinon il y a faute de sa part, et la loi n'a pas pu accorder une prime à sa négligence. De plus, un donataire qui a reçu des actions au porteur à un taux élevé, pourrait faire une très-belle spéculation aux dépens de la succession, sans la règle de l'art. 868, car après les avoir vendues très-cher, si ces actions venaient à baisser, ils les rapporteraient alors qu'elles n'auraient plus qu'une faible valeur.

Cette règle est applicable aux actions de compagnies, aux rentes sur l'État ou sur particuliers, aux créances et même aux offices, de quelque manière que l'office ait été transmis ; le successible devra le rapport en moins prenant de la valeur qu'avait l'office lors de la donation.

L'art. 869 s'occupe spécialement du rapport de l'argent donné. « Le rapport de l'argent donné, dit-il dans son premier alinéa, se fait en moins prenant dans le numéraire de la succession. » En effet, l'argent, plus encore que tout autre objet, devait être rapporté en moins prenant, car le don d'une somme d'argent eût été inutile, s'il avait fallu rapporter les mêmes pièces de monnaie. Mais nous ne croyons pas que le rapport se fasse suivant la valeur de l'argent lors de la donation, même s'il y avait eu des variations dans le prix de l'argent ou dans les monnaies ; nous pensons, au contraire, qu'on devra suivre la règle de l'art. 1895 et faire le rapport suivant le prix de l'argent à l'ouverture de la succession.

Le second alinéa de l'art. 869 prévoit le cas où le numéraire de la succession est insuffisant pour que le rapport de l'argent puisse avoir lieu en moins prenant : il décide que le « donataire peut se dispenser de rapporter du numéraire, en abandonnant, jusqu'à due concurrence, du mobilier, et à défaut de mobilier, des immeubles de la succession. »

Nous voyons dans cet article une gradation qui s'impose au donataire : ainsi nous croyons qu'il ne pourrait pas abandonner des immeubles, s'il y avait des meubles; ni abandonner des meubles s'il y avait du numéraire.

Mais nous ne pensons pas devoir appliquer l'art. 869 à toute espèce de somme due par le donataire. Il règle le rapport de l'argent donné, mais non de celui qui peut résulter d'une vente d'immeuble, par exemple; dans ce dernier cas, en effet, c'est l'immeuble qui est rapportable, et l'argent n'en est que la représentation.

§ 2. — *Effets du rapport en ce qui concerne les legs.*

Quelques auteurs veulent appliquer aux legs les art. 858, 859, 868 et 869, car aucun texte ne distingue entre les legs et les donations entre-vifs. La loi a statué, disent-ils, en termes généraux, en édictant dans l'art. 858 que le rapport aurait lieu en nature ou en moins prenant, et elle avait en vue aussi bien les legs que les donations entre-vifs. Ils ajoutent qu'il ne faut pas supposer à la loi des rigueurs qu'elle n'a pas; or, elle a seulement soumis le legs au rapport; elle ne l'a nulle part déclaré nul.

D'après cette opinion, en supposant que l'objet du legs est un immeuble, il sera souvent rapportable en nature;

mais s'il y a dans la succession des immeubles de même nature, valeur et bonté, le légataire pourrait imputer sur sa part le bien à lui légué.

Les partisans de ce système se servent de l'art. 868 pour faire accomplir des legs dont l'inexécution serait, à leurs yeux, une injustice ou une iniquité. Un avocat, par exemple, un médecin lègue sans dispense de rapport sa bibliothèque à celui de ses enfants qui a embrassé la même carrière que lui : au lieu de priver le fils de son legs, ne vaut-il pas mieux, dit-on, appliquer l'art. 868 et demander simplement à cet enfant un rapport en moins prenant?

Nous ne saurions pourtant nous rallier à cette opinion; pour nous, le legs doit être considéré comme non avenu, et la chose léguée doit rentrer ou, du moins, rester dans la masse; cette solution nous semble commandée de la façon la plus impérative par l'art. 843, d'après lequel l'héritier ne peut réclamer les legs à lui faits par le défunt, à moins qu'ils ne lui aient été faits expressément par préciput ou hors part, ou avec dispense de rapport.

A notre avis, le legs fait à l'héritier sans dispense de rapport n'a qu'un seul effet, celui de permettre au légataire de conserver son legs en renonçant à la succession de son auteur, si la valeur de ce legs lui semble supérieure à sa part héréditaire.

QUESTIONS CONTROVERSÉES.

DROIT ROMAIN.

1° Je crois qu'à l'époque classique, l'*infantia* était regardée comme se prolongeant jusqu'à sept ans révolus, et qu'il ne faut pas, pour lui assigner ce terme, descendre jusqu'à la Constitution de Théodose.

2° La *filiafamilias* pubère était, avant le Bas-Empire, incapable de s'obliger par contrat.

3° La compensation est judiciaire et non légale.

DROIT FRANÇAIS.

1° La parenté naturelle, même non légalement établie, forme-t-elle un obstacle au mariage? — Oui.

2° On reconnaît unanimement que l'obligation contractée par un mineur émancipé à raison d'un acte de pure administration est valable; mais le mineur pourrait-il consentir seul une hypothèque pour sûreté de cette obligation? — Non.

3° Les donations déguisées sous la forme d'un contrat à titre onéreux sont-elles valables? — Non.

4° Le conjoint peut-il ne pas tenir compte de la quotité disponible de l'art. 1094 et se référer à celle de l'art. 913, quand il y a intérêt? — Non.

5° Le mari, sous le régime de la communauté légale, peut-il aliéner les meubles propres de sa femme? — Non en principe.

6° L'immeuble donné par un seul et même contrat au mari et à la femme mariés sous le régime de communauté légale forme-t-il un conquêt où est-il propre à chacun des époux pour moitié? — Il forme un conquêt.

7° La revendication accordée au vendeur d'objets mobiliers par l'art. 2102, § 4, est la revendication du droit de rétention.

8° Nous pensons que dans la question du concours des priviléges généraux avec les priviléges spéciaux mobiliers, on doit observer l'ordre suivant : 1° priviléges des frais de justice; 2° priviléges spéciaux mobiliers; 3° les autres priviléges généraux.

DROIT COMMERCIAL.

Le Code civil n'a-t-il en matière commerciale qu'une autorité doctrinale? — Non.

PROCÉDURE.

Les jugements étrangers ont-ils en France force de chose jugée? — Oui.

DROIT PÉNAL.

Le principe du non-cumul des peines s'applique aux délits comme aux crimes.

DROIT ADMINISTRATIF.

La loi du 19 novembre 1814 sur l'observation du dimanche est encore en vigueur.

ÉCONOMIE POLITIQUE.

La limitation du taux du prêt à intérêt est légitime et utile.

Paul BANÉAT.

TABLE DES MATIÈRES.

www.ingramcontent.com/pod-product-compliance
Lightning Source LLC
Chambersburg PA
CBHW072354200326
41519CB00015B/3755